„Bäder, Wein und Liebe verderben unseren Leib. –
Aber wirkliches Leben schenken nur Bäder, Wein und Liebe.“

(Grabinschrift aus Rom, 1. Jahrhundert n. Chr.)

Teilweise wieder aufgerichtete Pfeiler der Fußbodenheizung *(hypocaustum)* des Anfang des 3. Jahrhunderts n. Chr. angebauten Warmbades *(tepidarium)*. Blick von Süden.

Römerthermen Zülpich – Museum der Badekultur

Heinz Günter Horn

So badeten die Römer

Rund um die Thermen von Zülpich

Inhalt

Grußwort

Es war ein mutiger Entschluss, auf dem Mühlenberg inmitten der Zülpicher Innenstadt ein „Museum der Badekultur" bauen zu wollen. Keine Frage – einen besseren Standort als dort über der gut erhaltenen Thermenanlage des antiken Tolbiacum konnte es für ein solches Museum wohl nirgendwo geben, zumal von Anfang an die römische Badeanlage das Herzstück des neuen Museums werden sollte. Dennoch war es keine leichte Entscheidung – schließlich braucht man für ein solch ehrgeiziges Projekt neben guten Ideen und Entwürfen auch starke Partner, um mit der nötigen Zuversicht auf ein gemeinsames Ziel hinarbeiten zu können.

Auf Anregung des Zülpicher Geschichtsvereins hatte sich die Nordrhein-Westfalen-Stiftung schon früh als Partner in das Projekt eingebracht und für eine maßgebliche finanzielle Unterstützung bei der Museumseinrichtung ausgesprochen. Dafür gab es gute Gründe: Hier wird ein überregional bedeutsames Bodendenkmal geschützt, für Besucher erlebbar und im wahrsten Wortsinn begreifbar gemacht. Zudem ist die als „Zeitreise" konzipierte Dauerausstellung zur Kulturgeschichte des Badens in der nordrhein-westfälischen Museumslandschaft einzigartig. Die wechselvolle Entwicklungsgeschichte der Badekultur – von den Römerthermen bis zu den Wellness-Oasen von heute – bietet über die Jahrhunderte eine Fülle interessanter Einblicke in die Lebens- und Alltagsgeschichte unserer Vorfahren: Waschzuber, Henkelkannen oder Salbfläschchen, die zu ihrer Zeit rein zweckgebundene Funktionen im Alltag hatten, lassen heute Geschichte vor uns lebendig werden.

Nicht zuletzt hat die NRW-Stiftung aber auch überzeugt, dass sich mit dem Ministerium für Bauen und Verkehr des Landes NRW, dem Landschaftsverband Rheinland, dem Kreis Euskirchen, der Stadt Zülpich und dem Zülpicher Geschichtsverein – der letztlich den entscheidenden Anstoß für die Kooperation mit der NRW-Stiftung gab – ein Kreis von kompetenten Unterstützern zusammenfand. Damit durfte man die berechtigte Hoffnung haben, dass aus Ideen und Zuversicht vorzeigbare Ergebnisse werden, die der Museumslandschaft in Nordrhein-Westfalen einen beachtlichen Gewinn bringen.

Unseren Partnern und auch allen Bürgern und Sponsoren, die den Bau des neuen Museums unterstützt haben, danken wir sehr. Unser Dank gilt besonders auch Prof. Dr. Heinz Günter Horn, der in vielen Jahren und über sein Berufsleben hinaus das Museumsprojekt mit Herzblut und Sachverstand begleitete und der diesen Führer durch die römische Abteilung des Zülpicher Museums ermöglichte.

Jochen Borchert
Präsident der NRW-Stiftung

Vorwort

Zülpich ist heute eine Kleinstadt am Rande der rheinischen Bördenlandschaft; alle wichtigen Verkehrsverbindungen führen in einiger Entfernung an ihr vorbei. Dies war in römischer Zeit anders.

Das antike Tolbiacum hatte einen dörflichen Charakter und lag damals am Kreuzungspunkt mehrerer Straßen; eine davon war die Staatsstraße von Köln (Colonia Claudia Ara Agrippinensium) nach Trier (Augusta Treverorum) über Lyon (Lugdunum) weiter bis Marseille (Massilia), die sog. Agrippastraße. Über mehr als 450 Jahre verband sie das Rheinland mit Südgallien und dem westlichen Mittelmeerraum. Dementsprechend war seinerzeit das Verkehrsaufkommen, aber auch das Leben am Ort.

Von der römischen Vergangenheit hat sich in Zülpich nur wenig erhalten; am auffälligsten ist noch die besagte Agrippastraße, die nach wie vor über weite Strecken erkennbar durch das Zülpicher Stadtgebiet führt. Eindrucksvoller sind aber für viele die Reste einer Badeanlage auf dem Mühlenberg, die Ende der 1920er Jahre entdeckt und danach freigelegt wurden.

Diese Thermen fristeten lange Zeit als Teil des städtischen Propsteimuseums unter dem Quirinusplatz ein fast unbekanntes Dasein, bis sich dank einer Initiative des Zülpicher Geschichtsvereins unter seinem Vorsitzenden Andreas Broicher 1997 im Rahmen einer städtebaulichen Sanierungsmaßnahme die Möglichkeit ergab, sie durch eine angemessene bauliche Fassung aus ihrem Dornröschenschlaf zu wecken. Der qualitätvolle Neubau des Zülpicher Architekten Markus Ernst schuf nicht nur ein neues Raumerlebnis, sondern auch ein am historischen Bestand orientiertes funktionales Gebäude. Ganz dem „Genius loci“ verpflichtet vermag es sich nunmehr mit der Unterstützung vor allem des Ministeriums für Bauen und Verkehr des Landes Nordrhein-Westfalen, der Nordrhein-Westfalen-Stiftung Naturschutz, Heimat- und Kulturpflege und des Landschaftsverbandes Rheinland ebenso als „Museum der Badekultur“ von der Römerzeit bis in unsere Tage zu präsentieren. Sein herausragendstes Exponat und Mittelpunkt der Dauerausstellung sind die

Thermen. Dass das Projekt im Rahmen der EuRegionale 2008 gelabelt und gefördert wurde, zeichnet es zusätzlich aus.

Die Thermenanlage von Zülpich ist außergewöhnlich gut erhalten; sie zeigt auf kleinem und überschaubarem Raum alle wesentlichen Elemente der antiken Bäderarchitektur. Davon kann sich ein jeder bei seinem Rundgang immer wieder überzeugen. Ausführliche Erläuterungen in Wort und Bild helfen ihm dabei; sie bilden auch das Gerüst dieses Führers, der weniger in der Ausstellung selbst zur Hand sein als vielmehr später und möglichst lange durch seine zahlreichen Reminiszenzen die Erinnerung an einen erlebnisreichen Museumsbesuch wachhalten soll. Den Zülpicher Bürgerinnen und Bürgern mag er ein bedeutendes Stück ihrer Stadtgeschichte bewusst machen.

Dass dieser Führer überhaupt zustande kam, ist vielen zu verdanken. Da schuf zunächst einmal der Fotograf Axel Thünker (Bad Münstereifel) Bilder, die mehr sind als nur Dokumentationen. Nadine Arnold, Yvonne Leistner und Robin Steffens haben sich im Rahmen einer Lehrveranstaltung am Archäologischen Institut der Universität zu Köln um eine entsprechende Gliederung bemüht und in vielfacher Weise zugearbeitet, auch die Lektorin Birgit Wüller (Stuttgart) brachte in diesem Zusammenhang ihre ganze Erfahrung ein, das Büro nowakteufelknyrim (Düsseldorf) zeichnete schließlich für die Gestaltung verantwortlich. Ohne die großzügige finanzielle Förderung durch die Nordrhein-Westfalen-Stiftung Naturschutz, Heimat- und Kulturpflege und das Ministerium für Bauen und Verkehr des Landes Nordrhein-Westfalen wären jedoch alle Vorarbeiten und Bemühungen vergeblich gewesen. Ihnen allen gebührt besonderer Dank.

Es bleibt zu wünschen, dass dieser Führer in besonderem Maße dazu beiträgt, sich für die Römerthermen von Zülpich zu begeistern.

Heinz Günter Horn

Ende des 3./Anfang des 4. Jahrhunderts n. Chr. durch einen ovalen Einbau verkleinerte Wanne im Heißbad *(caldarium)* des „Kernbaus". Blick von Nordosten.

Am Ende der Regierungszeit des römischen Kaisers M. Ulpius Traianus im Jahre 117 n. Chr. hatte das Römische Reich seine größte Ausdehnung.

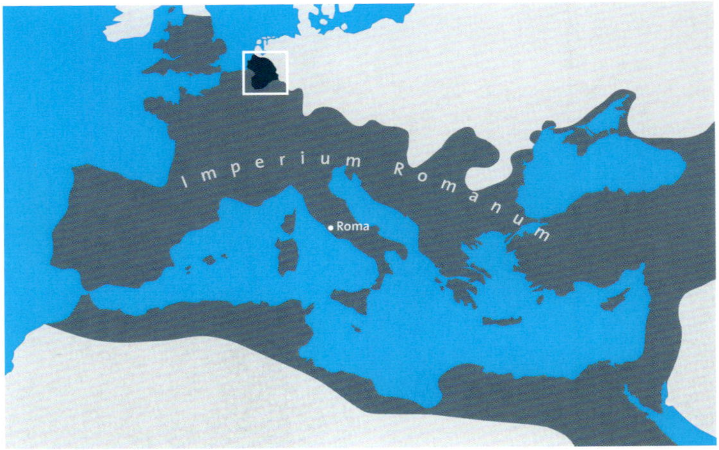

Die Provinz Niedergermanien *(Germania inferior)* und ihre wichtigsten Straßenverbindungen.

Geschichtlicher Überblick
Das römische Rheinland – die Provinz Niedergermanien

Das Rheinland gehörte als Teil der Provinz Niedergermanien *(Germania inferior)* über annähernd 500 Jahre zum Römischen Reich *(Imperium Romanum)*, das sich unter Kaiser Trajan (98–117 n. Chr.) – auf heutige Verhältnisse übertragen – vom südlichen Ägypten bis an die Grenze zu Schottland im Norden und vom Euphrat bzw. vom Irak im Osten bis an die Atlantikküste Portugals im Westen erstreckte. Der Rhein bildete die nordöstliche Reichsgrenze.

Die Provinz Niedergermanien wurde offiziell erst unter Kaiser Domitian um die Mitte der 80er Jahre des 1. Jahrhunderts n. Chr. eingerichtet; sie umfasste im Großen und Ganzen das Land links des Rheins vom heutigen Vinxtbach (sein Name leitet sich ab von *ad fines*, dt. „an den Grenzen") bei Bad Breisig – er bildete die Grenze zu Obergermanien *(Germania superior)* mit der Hauptstadt *Mogontiacum*/Mainz – bis zur Nordseeküste. Sitz des römischen Statthalters und Oberbefehlshabers über die in zahlreichen Lagern entlang des linken Rheinufers stationierten Truppen – und damit niedergermanische Provinzhauptstadt – war die *Colonia Claudia Ara Agrippinensium* (CCAA)/Köln, die im Jahre 50 n. Chr. auf Veranlassung der Gattin des Kaisers Claudius, Agrippina die Jüngere, mit der Erhebung zur *Colonia* die Stadtrechte erhalten hatte. Damit waren die Bewohner der CCAA den Bürgern Roms rechtlich gleichgestellt.

Schon während der Gallischen Kriege des römischen Feldherrn C. Iulius Caesar (58–51 v. Chr.) war das linksrheinische Gebiet, in dem keltische und germanische Stämme lebten, dem *Imperium Romanum* einverleibt worden. Nach der Vernichtung der Eburonen soll ihr ehemaliges Stammesgebiet etwa zwischen dem heutigen Köln und Aachen, also auch der Zülpicher Raum, weitgehend siedlungsfrei gewesen sein. Infolgedessen konnte der römische Statthalter M. Vipsanius Agrippa hier nun in den Jahren 19/18 v. Chr. die Ubier – treue Verbündete der Römer, deren Siedlungsland ursprünglich rechtsrheinisch zwischen der Sieg und der Lahn gelegen hatte – ansiedeln. Stammesmittelpunkt war das *Oppidum Ubiorum*/Köln; dort befand sich auch nach der Eroberung Germaniens zwischen Rhein und Elbe bis 9 n. Chr. mit der *Ara Ubiorum* die zentrale Versammlungsstätte der germanischen Stämme, an der sie alljährlich dem römischen Kaiser Augustus und der Göttin Roma opferten. In jenem Jahr erlitt ein römisches Heer unter dem Kommando des C. Quinctilius Varus in der Schlacht im Teutoburger Wald *(in saltu Teutoburgiensi)* gegen von dem Cheruskerfürsten Arminius angeführte Germanen eine verheerende Niederlage. Das *Oppidum Ubiorum* hatte damals schon ein städtisches Gepräge mit entsprechend monumentalen Bauten.

Nach dem sog. Bataveraufstand im Jahre 69/70 n. Chr. herrschten in der niedergermanischen Provinz über fast 200 Jahre Ruhe und Frieden. Dies führte u. a. zur wirtschaftlichen Blüte; davon profitierte vor allem das Hinterland. Spätestens um die Mitte des 1. Jahrhunderts waren dort zahlreiche dörfliche Siedlungen *(vici)* – wie etwa *Tolbiacum/*Zülpich – und noch mehr landwirtschaftliche Betriebe/Gutshöfe *(villae rusticae)* entstanden, die das Militär und die Zivilbevölkerung in der Provinz mit dem Lebensnotwendigen versorgen konnten. Feste Straßen durchzogen das Land und verbanden das Rheinland mit anderen Teilen des Römischen Reiches. Für das römische Zülpich war die Nähe zur Provinzhauptstadt CCAA von besonderer Bedeutung; von dort wurde es auch verwaltet.

Die Germaneneinfälle seit der Mitte des 3. Jahrhunderts bewirkten eine allgemeine Verunsicherung der Bevölkerung, vor allem im Hinterland Niedergermaniens. Etliche Vici – so auch *Tolbiacum*/Zülpich – wurden in der Folgezeit mit einer Wehrmauer umgeben und befestigt. Im Bereich vieler Gutshöfe *(villae rusticae)* und auch entlang der Reichsstraßen entstanden Befestigungsanlagen *(burgi)*.

Mit der Eroberung Kölns durch die Franken im Jahre 455 n. Chr. endete die römische Herrschaft am Rhein.

Grabenumriss einer spätantiken Befestigungsanlage *(burgus)* im Feld unweit der Römerstraße Köln–Trier bei Zülpich-Rövenich, Anfang des 4. Jahrhunderts n. Chr.

Die Römerstraße Köln–Trier („Agrippastraße") bei Weiler in der Ebene mit Blick in Richtung Zülpich. Sie wurde auf Veranlassung des römischen Statthalters M. Vipsanius Agrippa vermutlich im 2. Jahrzehnt v. Chr. gebaut.

Exkurs:
Der Meilenstein aus Zülpich-Hoven

Der fast vollständig erhaltene Meilenstein, gefertigt aus lothringischem Kalkstein, kam 1965 in Zülpich-Hoven bei Bauarbeiten zutage. Er stand ehemals – mit seinem annähernd quadratischen Sockel in den Boden eingelassen – an der römischen Staatsstraße von Köln nach Trier. Die Entfernung nach Köln gibt er mit 16 Leugen (= 35,2 km) an.

Der schon alt gesplissene Schaft des Meilensteins wurde im Laufe der Zeit insgesamt dreimal beschriftet. Die erste Inschrift auf der ursprünglichen Vorderseite ist vollständig getilgt worden und nicht mehr zu lesen. Vermutlich nannte sie einen römischen Kaiser des 3. Jahrhunderts n. Chr., der nach seinem Tode zum Staatsfeind erklärt und dessen Name daraufhin aus allen Urkunden und Inschriften entfernt worden war.

Auch die zweite Inschrift ein wenig seitwärts hat man abzuarbeiten versucht; sie blieb aber lesbar:

IMP(eratori) CAES(ari)
LICINIANO
LICINIO
[I]NV(icto) AVG(usto)
A C(olonia) A(grippinensium)
L(eugae) XVI

„Für den Imperator (und) Caesar
Licinianus
Licinius,
den unbesiegten Kaiser (errichtet).
Von Köln (sind es) 16 Leugen“.

Der genannte Licinianus Licinius war von 308 bis 324 Mitregent Kaiser Konstantins I., mit dem er sich jedoch im Jahre 322 überwarf. Dies führte zur Tilgung der Inschrift, die wohl in der Zeit entstand, als die beiden Herrscher noch gemeinsam die Regierungsgeschäfte führten.

Für die dritte Inschrift wurde der Meilenstein herumgedreht und die ehemalige Rückseite genutzt. Sie lautet:

IMP(eratori) CAES(ari)
FLAVIO CONSTANTINO
MAXIMO PIO FELICI
VICTORI AVG(usto) ET
IMPP(eratoribus) CAESS(aribus)
[FLAV(io)
IVL(i)O CRISPO ET F]LAVIO
CLAVDIO CONSTANTINO
ET FLAV(i)O CONSTANTIO
NOBILISSIMIS
CAESARIBVS

„Für den Imperator (und) Caesar
Flavius Constantinus,
den Größten, den Ehrfürchtigen
(und) Glücklichen,
den Sieger (und) Kaiser (sowie)
für die Imperatoren (und) Caesaren
Flavius
Iulius Crispus und Flavius
Claudius Constantinus
und Flavius Constantius,
die erhabensten
Caesaren (errichtet)“.

Die Inschrift nennt Konstantin I. und seine Söhne Crispus, Constantinus II. und Constantius II. Sie ist wegen der Titulaturen der Herrscher in die Jahre 325/326 zu datieren. Der Name des Crispus wurde wohl getilgt, nachdem ihn sein Vater wegen angeblichen Verrats 326 hatte ermorden lassen.

Solche Meilensteine standen überall im Römischen Reich rechts und links der Staatsstraßen *(viae publicae)*. Auf ihnen waren nicht nur der Name und alle Titel des Kaisers, der den Bau oder eine Reparatur der Straße veranlasst hatte, sondern auch die Entfernung des Standortes von der jeweiligen Provinzhauptstadt oder Metropole in römischen Meilen (*milia passuum* = 1,48 km) angegeben. Seit dem 3. Jahrhundert wurde in den germanischen Provinzen in gallischen Leugen (1 *leuga* = 2,2 km) gemessen.

Die Inschrift auf einem Meilen-/Leugenstein verweist jedoch nicht immer auf Straßenbaumaßnahmen; in Niedergermanien ebenso wie in anderen Provinzen des *Imperium Romanum* bekundete die Bevölkerung auf diese Weise häufig auch ihre Loyalität zum römischen Kaiser.

Meilenstein mit Inschriften aus dem 3. Jahrhundert und dem Jahre 325/326 n. Chr., Kalkstein, gefunden an der Römerstraße Köln–Trier in Zülpich-Hoven. Heute steht er auch als Kopie auf dem Verkehrskreisel in der Römerallee.

Der Siedlungskern des römischen Zülpich mit den bislang archäologisch nachgewiesenen Bestattungsplätzen und dem Verlauf der antiken Fernstraßen.

Das römische Zülpich

„Denn dazu war Civilis (= der Anführer des Aufstandes) auch entschlossen; er fühlte sich noch stark genug, zumal die verwegenste seiner Kohorten noch ungeschwächt war; sie bestand aus Chauken und Friesen und lagerte in Tolbiacum im Gebiet der Agrippinenser. Aber die traurige Nachricht, dass die Kohorte durch eine Hinterlist der Agrippinenser vernichtet worden sei, ließ ihn umdenken. Die Agrippinenser hatten durch reichlich Speisen und Wein die Germanen eingeschläfert, alle Türen versperrt, Feuer in das Quartier hineingeworfen und so alle verbrannt."

(Der römische Geschichtsschreiber Tacitus in seinen „Historien")

Tolbiacum, wie Zülpich in römischer Zeit hieß, lag am Schnittpunkt mehrerer bedeutender Fernstraßen, die die damaligen Militärstandorte Neuss ***(Novaesium)*** und Bonn ***(Bonna)*** und die Städte Köln ***(Oppidum Ubiorum***, später: ***Colonia Claudia Ara Agrippinensium)*** und Trier ***(Augusta Treverorum)*** miteinander verbanden.

Die Siedlung wird erstmals von dem römischen Geschichtsschreiber P. Cornelius Tacitus in seinen „Historien" im Zusammenhang mit dem Aufstand der Bataver gegen die Römer in den Jahren 69/70 n. Chr. erwähnt; seinerzeit war dort ein Kontingent der germanischen Chauken und Friesen stationiert, das Angriffe römischer Truppen abwehren sollte.

Tolbiacum wird auch in einem Straßenverzeichnis des 3. Jahrhunderts, dem sog. ***Itinerarium Antonini,*** genannt. Nach einem Bericht des Bischofs Gregor von Tours hat im Jahre 496 bei Zülpich die Entscheidungsschlacht zwischen Franken und Alamannen stattgefunden, deren Ausgang den siegreichen Frankenkönig Chlodwig zum Christentum übertreten ließ. Auch damit ist der Ort schon früh in die Annalen eingegangen.

Der Ortsname geht auf eine keltische Wurzel zurück; gleichwohl fehlen noch archäologische Zeugnisse aus vorrömischer Zeit. Man kann davon ausgehen, dass die Ubier ab 19/18 v. Chr. auch in Zülpich und Umgebung gesiedelt haben. Die bislang frühesten Funde sind Grabfunde und werden um die Mitte des 1. Jahrhunderts n. Chr. datiert.

Die Siedlung hatte ihre Blütezeit vor allem im 2./3. Jahrhundert. Spätestens Anfang des 4. Jahrhunderts wurde sie mit einer mächtigen, turmbewehrten Mauer umgeben, die noch im 6. Jahrhundert – zur Zeit der Franken – mehr oder weniger vollständig bestanden haben muss (s. Exkurs S. 24 f.).

Das römische Zülpich war eine kleine, dorfähnliche Siedlung *(vicus)* im äußersten Westen des Kölner Stadtterritoriums; durch ihre Lage an einer wichtigen Straßenkreuzung hatte sie für die nähere Umgebung eine zentralörtliche Funktion. ***Tolbiacum*** unterstand der Verwaltung der ***Colonia Claudia Ara Agrippinensium***, die am Ort die Steuern einzog, einfache Rechtsfälle regelte und die Straßen in Stand hielt. Die Bewohner *(vicani)* konnten sich deshalb auch „Agrippinenser" (= Kölner) nennen.

Der Vicus bestand wohl hauptsächlich aus langrechteckigen Fachwerkhäusern (Streifenhäusern), die mit der schmalen Seite zur Straße hin ausgerichtet waren; zumeist befanden sich Gewerbe-, Geschäfts- und Wohnräume „unter einem Dach". Bebauungsspuren im Bereich der heutigen Kölnstraße (Op der Kinat/Normannengasse) lassen sich so deuten.

Der Siedlungskern dürfte auf dem heutigen Mühlenberg gelegen haben, wo neben der Badeanlage offenbar auch noch andere größere Bauten standen. So wird es im römischen Zülpich sicherlich mindestens eine Herberge *(mansio)* gegeben haben, in die Reisende einkehren konnten. Ebenso muss

Rekonstruktion einer römischen Siedlung. Die lang gestreckten Häuser sind mit ihren Giebeln zur Straße hin orientiert; viele haben vorgebaute Säulengänge. In den Hinterhöfen befinden sich u. a. Schuppen, Toiletten und Brunnen.

es möglich gewesen sein, dort die Pferde bzw. Zugtiere zu wechseln und sich für die Reise mit allem Notwendigen zu versorgen.

Vielleicht ist das einer der Gründe, warum die Zülpicher Thermen nach der Mitte des 4. Jahrhunderts wohl ausschließlich Wohn- und Lagerzwecken gedient haben. Über andere öffentliche Gebäude, wie etwa ein „Rathaus“, eine Unterkunft für die Straßenpolizisten ***(beneficiarii)*** oder Tempel für römische bzw. einheimische Götter, und deren Lage ist nichts Verlässliches bekannt.

Goldmünze (Solidus) des weströmischen Kaisers Valentinian III., geprägt zwischen 425 und 455 n. Chr. in Konstantinopel, gefunden im Bereich der Zülpicher Thermen.
Auf der Vorderseite ist die Büste des Kaisers mit Perlendiadem zu sehen. Die Umschrift: D(ominus) N(oster) PLA(cidius) VALENTINIANVS P(ius) F(idelis) AVG(ustus).

Die Rückseite zeigt den Kaiser mit der Kreuzlanze in der Rechten und einem von einer Victoria bekrönten Globus in der Linken; den Fuß setzt er auf einen Barbarenkopf. Die Umschrift: VICTORIA AVGGG(ustorum). Die Buchstaben CONOB, R und V verweisen auf die Münzstätte Konstantinopel.

Kopf eines thronenden Jupiter, Sandstein, Anfang 3. Jahrhundert n. Chr., gefunden in Zülpich. Aus Zülpich und Umgebung stammen zahlreiche geschuppte Säulenfragmente; sie gehören zu sog. Jupitersäulen, die an vielen Orten der Provinz Niedergermanien zu Ehren des Jupiter aufgerichtet worden waren. Diese insbesondere für das römische Rheinland typischen Weihungen galten dem höchsten Gott des römischen Pantheons, der zumeist auf der Säule thronend dargestellt war; bisweilen ritt der Göttervater auch hoch zu Ross über einen besiegten Giganten hinweg.
Die meisten Jupitersäulen sind in das 2. Jahrhundert und in die erste Hälfte des 3. Jahrhunderts zu datieren.

Die Bewohner von *Tolbiacum* bestatteten ihre Toten nach römischem Recht auf den Friedhöfen außerhalb der Siedlung, so zum Beispiel unweit der heutigen Brabenderstraße (Krankenhaus).

In der fruchtbaren Bördenlandschaft ringsum lagen zahlreiche römische Gutshöfe *(villae rusticae)*; Reste monumentaler Grabdenkmäler und kostbare Grabfunde belegen, dass es deren Eigentümer oder Pächter oftmals zu beträchtlichem Reichtum gebracht hatten. Die verkehrsgünstige Lage von *Tolbiacum* dürfte dabei eine nicht unerhebliche Rolle gespielt haben. Einen Hinweis auf die Römerstraße nach Trier lieferte beispielsweise ein in das 3. Jahrhundert bzw. die Jahre 325/326 datierter Meilenstein, der 1965 in Zülpich-Hoven geborgen werden konnte (s. Exkurs S. 16 f.).

Rest eines ehemals mehr als 10 m hohen Pfeilergrabmals, Sandstein, erste Hälfte 3. Jahrhundert n. Chr., gefunden an der Münsterstraße in Zülpich.
Der Verstorbene ist in einheimischer Tracht dargestellt. In den Bildstreifen rechts und links tanzende Eroten mit Weintrauben. Der Block ist heute in die Außenmauer von St. Peter eingelassen.

In das Untergeschoss des Museumsneubaus integrierte Reste der spätantiken Wehrmauer von Zülpich, Anfang 4. Jahrhundert n. Chr.

Verlauf der spätantiken Wehrmauer von Zülpich im Bereich der Thermenanlage mit Kennzeichnung zweier Türme und eines Torbaus, Anfang 4. Jahrhundert n. Chr.

Exkurs: Die spätantike Wehrmauer von Zülpich

Bei den unverputzten Mauerstücken (im hinteren Teil des Museums) handelt es sich um die Reste der spätantiken Umwehrung von *Tolbiacum*/Zülpich, die vermutlich nach den verheerenden Germaneneinfällen in der zweiten Hälfte des 3. Jahrhunderts n. Chr. im Zusammenhang mit dem Ausbau der Befestigungsanlagen am Rhein und der Sicherung wichtiger Siedlungen im Hinterland der römischen Provinz unter Kaiser Konstantin I. (306–337) errichtet wurde.

Die mit Sandstein- und Grauwackequadern verblendete Mauer, die einst wohl lediglich den engeren Siedlungsbereich des antiken Vicus ringartig umschloss und nahe an der Thermenanlage vorbeiführte, war ca. 3,5 m dick; über ihre ursprüngliche Höhe lässt sich nur spekulieren. Etwa alle 30 m sprang ein mächtiger Rundturm vor. Die Anzahl und die Lage der Tore sind noch unbekannt. Möglicherweise handelt es sich jedoch bei einem Befund, der im Zuge der archäologischen Untersuchungen östlich der ehemaligen Thermenhalle (neben dem heutigen Museumsbau) und in der Flucht einer kiesgedeckten Straße beobachtet werden konnte, um die Reste eines rechteckigen Torbaus (vgl. Hinweisschild im Außenbereich).

Die Umwehrung muss im 6. Jahrhundert noch weitgehend intakt gewesen sein. Nach der Überlieferung sollen nämlich Mannen des Frankenkönigs Theuderich, Chlodwigs Sohn, im Jahre 531 den thüringischen König Herminafrid, der zu Verhandlungen nach Zülpich gekommen war, bei einem Rundgang von der Mauer gestürzt haben.

Möglicherweise im frühen Mittelalter wurde die Mauer durch ein Erdbeben oder einen Erdrutsch schwer beschädigt. Später bildete sie das Fundament der mittelalterlichen Stadtmauer von Zülpich (Ende des 14. Jahrhunderts).

Reste der spätantiken, stellenweise durch Risse beschädigten Wehrmauer von Zülpich während der Ausgrabungen 2002 im Bereich der Thermenanlage, Anfang des 4. Jahrhunderts n. Chr.
Die Mauerzüge im Vordergrund gehören zur mittelalterlichen Propstei (12. Jahrhundert).

Heizkanal der nachträglich eingebauten Heizstelle *(praefurnium)* des Warmbades *(tepidarium)* im „Kernbau" der Zülpicher Thermen, Anfang 3. Jahrhundert n. Chr. Blick von Westen.

Das römische Badewesen

Wer erfand die Badeanlagen?

„Vormals waren die Bäder dürftig und ohne jede Ausschmückung angelegt; warum sollte man auch etwas ausstaffieren, was nur ein ¼ As kostete und das nur für den Gebrauch, nicht zum Vergnügen aufgesucht wurde? Kein Wasser wurde nachgefüllt, es lief auch nicht ständig frisch wie aus einer heißen Quelle nach, und man hielt es auch nicht für wichtig, in kristallklarem Wasser seinen Schmutz abzuspülen."

(Der römische Philosoph und Dichter Seneca um die Mitte des 1. Jahrhunderts n. Chr. über die Bäder im 3. Jahrhundert v. Chr.)

Rotfigurige Pelike, um 480 v. Chr.
Berlin, Pergamonmuseum.
Ein Jüngling steht mit einem Schabeisen an einem Waschbecken, darüber hängen Schwamm, Salbgefäß und eine Sandale. Davor hockt ein Knabe und reinigt die andere Sandale.

Ob in den Militärlagern, in den Städten und Dörfern oder auch in den Gutshöfen der römischen Zeit: Überall, wo Römer lebten, gab es mehr oder weniger große und prächtig ausgestattete öffentliche und private Badeanlagen ***(balneae, thermae)***. Heute zählen sie zu den Zeugnissen römischer Architektur, Technik, Lebensweise und Kultur schlechthin.

Dennoch haben die Römer diese Anlagen nicht erfunden. Badegebäude gab es bereits vor mehr als 5000 Jahren in den Hochkulturen des östlichen Mittelmeerraumes und des Orients, in der Induskultur, in Mesopotamien und auch in Ägypten.

Die Römer haben die Bäderarchitektur vermutlich im 2. Jahrhundert v. Chr. von den Griechen übernommen und in der Folgezeit nach und nach baulich und technisch verfeinert. In Griechenland war das Badewesen eng mit dem Sport in der Palaestra und im Gymnasion verbunden; nach dem Ringen, Boxen, Speerwerfen, Laufen oder Springen gingen die Athleten ins Bad, um sich zu reinigen. Dafür gab es entsprechende Badehäuser. Seit dem 6. Jahrhundert v. Chr. zeigen insbesondere griechische Vasenbilder immer wieder Badeszenen.

Die Badeanlage südlich der Palaestra von Olympia beispielsweise, die im Kern auf das 5. Jahrhundert v. Chr. zurückgeht, verfügte nach etlichen Umbauten und Erweiterungen bereits über alle wesentlichen Elemente, wie wir sie später aus den römischen Thermen kennen. Spätestens um 100 v. Chr. ist dort auch schon eine Fußbodenheizung ***(hypocaustum)*** nachgewiesen. Dies widerspricht der literarischen Überlieferung, wonach die Hypokaustheizung zu Beginn des 1. Jahrhunderts v. Chr. von einem findigen Austernzüchter namens C. Sergius Orata aus Baiae im mittelitalischen Kampanien erfunden worden sein soll.

Den Römern gebührt jedenfalls das Verdienst, vor allem das von den Griechen übernommene System der Fußbodenheizung perfektioniert zu haben. Erst bei ihnen gehörte das Baden in Thermen zum alltäglichen Leben.

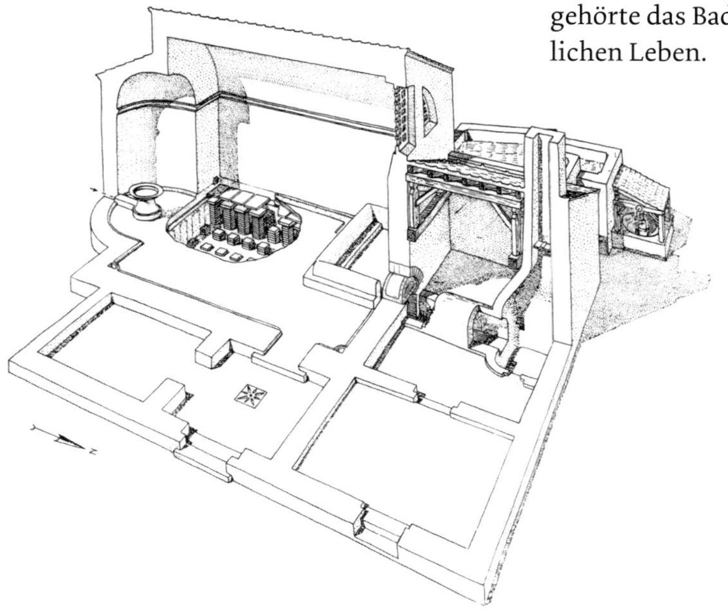

Rekonstruktion der Thermen südlich der Palaestra in Olympia mit einer spätestens um 100 n. Chr. eingebauten Fußbodenheizung ***(hypocaustum)***.

Die römischen Thermen – ein gesellschaftlicher Treffpunkt

„Als er (= der römische Kaiser Hadrian) eines Tages (bei einem Thermenbesuch) beobachtet hatte, wie ein ihm von seiner Dienstzeit her bekannter Veteran sich den Rücken und den übrigen Teil des Körpers an der Wand abscheuerte, erkundigte er sich bei ihm, weshalb er die Marmorplatten benutze, um sich abzuscheuern. Als er vernahm, dies geschehe in Ermangelung eines Sklaven, beschenkte er den Alten sowohl mit einem Sklaven als auch mit einem Geldbetrag."

(Aus: „Historia Augusta", Hadrianus, 4. Jahrhundert n. Chr.)

Der Besuch der Thermen gehörte zum römischen Alltag; er bedeutete für die Römer ein nahezu unverzichtbares Stück Lebensqualität. In den öffentlichen Thermen traf sich gleichsam „die halbe Stadt". Dabei ging es in der Regel nicht alleine um die tägliche Reinigung und die Körperpflege in allen ihren Facetten; man verbrachte die Zeit auch mit sportlichen Übungen, Ball- und Brettspielen oder in unterhaltsamen Gesprächen mit Freunden und Bekannten. Nicht selten wurden in den Thermen Geschäfte abgeschlossen und Politik gemacht.

Mit einem gewöhnlich von Säulengängen ***(porticus)*** umgebenen Gymnastikhof ***(palaestra),*** einer großen überdachten Thermenhalle ***(basilica thermarum)*** und zahl-

Rekonstruktion der Diokletiansthermen in Rom. Kolorierter Stich von Edmont-Jean Baptiste Paulin, 1880. Paris, Ecole Nationale Supérieure des Beaux-Arts.

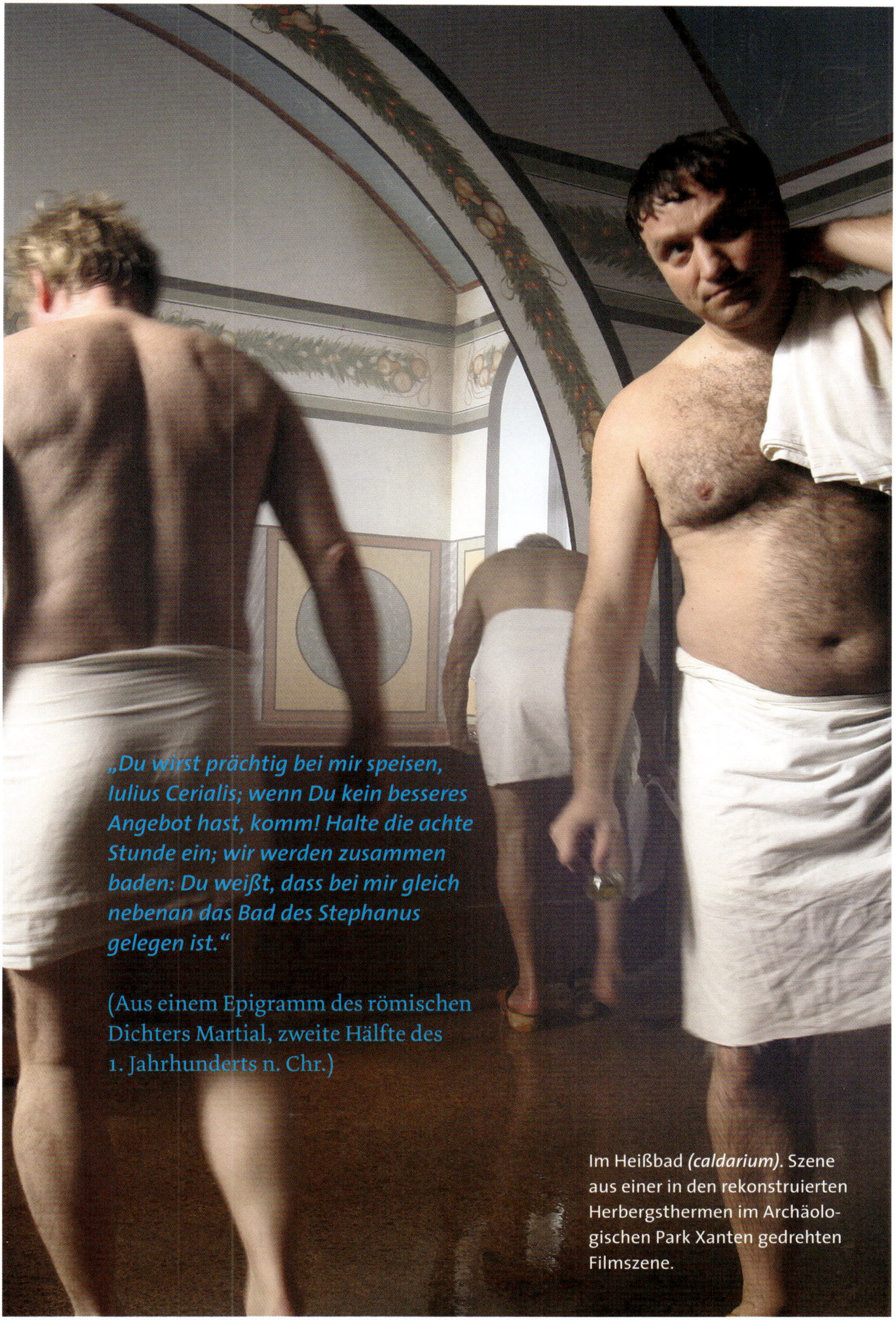

„Du wirst prächtig bei mir speisen, Iulius Cerialis; wenn Du kein besseres Angebot hast, komm! Halte die achte Stunde ein; wir werden zusammen baden: Du weißt, dass bei mir gleich nebenan das Bad des Stephanus gelegen ist.“

(Aus einem Epigramm des römischen Dichters Martial, zweite Hälfte des 1. Jahrhunderts n. Chr.)

Im Heißbad *(caldarium)*. Szene aus einer in den rekonstruierten Herbergsthermen im Archäologischen Park Xanten gedrehten Filmszene.

Mädchen nach dem Baden auf dem Gymnastikhof *(palaestra)* einer Badeanlage. Fußbodenmosaik in der Kaiservilla in Piazza Armerina (Sizilien). Anfang 4. Jahrhundert n. Chr.

reichen Nebenräumen waren dafür in einer öffentlichen Thermenanlage die baulichen Voraussetzungen geschaffen.

In den Thermen herrschte oft ein munteres Treiben, bisweilen ging es dort recht laut zu, wie der römische Dichter und Philosoph L. Annaeus Seneca in seinen „Epistulae" Mitte des 1. Jahrhunderts n. Chr. aus Baiae (Mittelitalien) zu berichten weiß: „Ich wohne genau über einem Bad. Stell' Dir den schrecklichen Lärm, das wirre Geschrei in allen Tonlagen vor! Am liebsten möchte man taub sein. Ich höre das Stöhnen der Leute, die mit den Hanteln arbeiten; sie pusten und keuchen angestrengt. Wenn jemand still daliegt und sich massieren lässt, dann höre ich das Klatschen der Hand (= des Masseurs) auf seinem Rücken, das immer anders klingt; je nachdem ob sie flach oder mit der Kante aufschlägt. Hast Du dann noch einen Ballspieler, der immerzu schreit und laut das Auftitschen des Balles zählt, ist es ganz aus. Dazu kommen die Streitsüchtigen, der Dieb, den man auf frischer Tat ertappt hat, der Schwätzer, der sich an seiner eigenen Stimme berauscht. Und dann die, die sich in das Schwimmbecken stürzen, dass es nur so klatscht und das Wasser nach allen Seiten spritzt. Man sollte auch den Haarauszieher nicht vergessen, der ständig kreischend seine Dienste anpreist und nur dann still ist, wenn er einem die Haare ausreißt; dann aber brüllt sein Opfer. Ganz zu schweigen von dem Geschrei der Getränke-, Wurst- und Süßwarenhändler sowie des Kneipenpersonals, die allesamt auf ihre Art lautstark und durchdringend ihre Waren anpreisen."

Spielsteine aus Glas und Bein, 2./3. Jahrhundert n. Chr., gefunden in Zülpich.
Bei dem Spielbrett handelt es sich um die Kopie eines fragmentierten Ziegels aus der ***Colonia Ulpia Traiana*** (Xanten).
Während des Thermenaufenthalts vertrieb man sich gerne die Zeit mit Brett- und Würfelspielen, wie etwa dem heutigen Mühlespiel, Dame oder auch Backgammon. Deshalb finden sich in römischen Thermenanlagen neben „Spielbrettern", die in den Boden oder auf die Treppenstufen eingeritzt sind, auch immer wieder Spielsteine.

Und so badeten die Römer
Der Umkleideraum

Jede römische Thermenanlage verfügte über einen Umkleideraum ***(apodyterium);*** er war gewöhnlich mit Bänken ***(pulvini)*** möbliert. Die ausgezogenen Kleider legte man in Wandnischen ***(loculi)*** oder Regale; gegen ein geringes Entgelt passte auch ein Garderobier ***(capsarius)*** darauf auf. Reiche hatten dafür ihre Sklaven. Dennoch gab es Gründe, die Badegäste vor Dieben zu warnen (s. Exkurs S. 36).

Vermutlich konnte man im Apodyterium auch alles das kaufen oder leihen, was man zum Baden benötigte: Holzsandalen ***(soleae),*** Schaber ***(strigilis),*** Griffschale ***(patera),*** Fläschchen mit Öl ***(ampulla)*** oder gar ein Handtuch ***(sabanum).*** Gewöhnlich brachte man diese Utensilien allerdings von zu Hause mit.

Der Umkleideraum lag so, dass man von dort direkt in den eigentlichen Badetrakt gelangte; immerhin war der Badegast nackt.

In den Thermen von Zülpich befand sich das Apodyterium vor dem Kaltbad ***(frigidarium);*** man betrat es durch den südöstlichen Säulengang des Gymnastikhofes ***(palaestra).*** Ende des 3./Anfang des 4. Jahrhunderts wurde es abgerissen, um Platz für die neue Thermenhalle ***(basilica thermarum)*** zu schaffen, die nunmehr seine Funktion übernahm. Vermutlich gab es dann dort – abgetrennt – eine Art Garderobe.

Fußbodenmosaik aus dem Eingangsbereich der römischen Thermen in Thamugadi (Timgad/Algerien), 3. Jahrhundert n. Chr. Dargestellt sind zwei Paar Sandalen *(soleae)*. Mit BENE LAVA (= Angenehmes Baden!) wurden die Badegäste begrüßt, mit SALVM LAVISSE (= Wünsche, gut gebadet zu haben!) verabschiedet.

Kopie eines „Badesets“ aus Bronze. Die Originale wurden 1861 als Beigaben einer Sarkophagbestattung im heutigen Meerbusch-Latum/Rhein-Neuss-Kreis gefunden und gelangten ins British Museum, London. Sie gehören in die Zeit um 200 n. Chr. Zu den üblichen Badeutensilien gehörten in römischer Zeit v. a. die Griffschale *(patera)*, der Schaber *(strigilis)* und ein Fläschchen *(ampulla)* mit Öl. Patera und Strigilis waren aus Bronze; die Ölfläschchen konnten auch aus Ton und Glas gefertigt sein. Oft hing das „Badeset“ an einem Ring; so konnte man es leichter tragen.

Exkurs:
Tatort Thermen – die Beichte eines Hemdendiebs

Der im Foto ausgestellte Weihestein stammt aus Koleköy in der Türkei, ist aus Marmor gefertigt und etwa 1,0 m hoch und 0,48 m breit. Er zeigt zwei Reliefs über einer 11-zeiligen griechischen Inschrift, die in Übersetzung lautet: „Groß ist Meis Axiottenos, König von Tarsi. Da ein Szepter für den Fall aufgestellt worden war, dass jemand etwas aus dem Badehaus entwendet, bestrafte der Gott nach dem Diebstahl eines Hemdes den Dieb und veranlasste ihn nach einiger Zeit, das Hemd dem Gott zu bringen. Und er tat ein Geständnis. Der Gott befahl nun durch einen himmlischen Boten, das Hemd zu verkaufen und die Beweise seiner Macht auf eine Stele zu schreiben. Im Jahre 249 (der sullanischen Zeitrechnung).“

Dazu die bildliche Erläuterung: Im oberen Relief ist der Gott Men in phrygischer Tracht zu sehen. Über seiner Schulter erkennt man die Enden einer nach oben offenen Mondsichel. Mit der rechten Hand umfasst Men das Szepter, von dem in der Inschrift die Rede ist; in der linken hält er einen Pinienzapfen. Rechts neben ihm liegt das aus dem Badehaus gestohlene Hemd. In dem Relief darunter steht der Dieb – offensichtlich ein Knabe –, der schuldbewusst und betend zugleich beide Hände erhebt.

Die Fertigung und Errichtung des Weihesteins wurden – interpretiert man die Inschrift, die in die Jahre 164/165 n. Chr. datiert, richtig – aus dem Verkaufserlös des Hemdes finanziert.

Weihestein mit der Beichte eines Hemdendiebs, 164/165 n. Chr.
Das Original aus Marmor wurde in Koleköy (Türkei) gefunden.

Das Kaltbad

„Wenn wir nach dem Bad in das kalte Becken steigen, scheint uns dasselbe zu widerfahren wie bei der Stählung des Eisens: Wir werden nämlich abgekühlt und durch Anpassung gefestigt, gerade so wie jenes, wenn es erst glühend gemacht und dann in das kalte Wasserbad getaucht wird."

(Der antike Arzt Galen über den Zweck des Kaltbades, 2. Jahrhundert n. Chr.)

Durch die räumliche Zuordnung betrat der Badegast nach dem Auskleiden im Apodyterium zunächst das Kaltbad *(frigidarium)*, einen Raum, der unbeheizt war. Gewöhnlich ging er von dort aus gleich in das Warmbad *(tepidarium)* oder weiter in das Heißbad *(caldarium)*. Das Kaltbad bildete eigentlich erst den Abschluss eines Badegangs. Hier standen dem Besucher dann eine oder mehrere Wannen bzw. Becken zur Verfügung, die mit kaltem Wasser gefüllt waren und in die er hineinsteigen konnte. Zudem bestand die Möglichkeit, sich kalte Güsse geben zu lassen.

Vermutlich hatte auch in römischer Zeit jeder Badegast seine eigenen Vorlieben und Badegewohnheiten.

Sitzstufe und Abdichtungen in der südwestlichen Wanne des Kaltbades *(frigidarium)* im „Kernbau" der Zülpicher Thermen, nach Mitte 2. Jahrhundert n. Chr.

Das Warmbad / das Schwitzbad

„Treten wir ein, so nimmt uns ein mäßig geheizter Saal auf, aus dem uns eine keineswegs unangenehme Wärme entgegenkommt. Sehr groß, beiderseits abgerundet und hinter diesem zur Rechten ein sehr freundliches Gemach, das bequeme Gelegenheit bietet, sich zu salben ... Dann folgt darauf ein Saal, ... sehr behaglich darin herumzustehen und zu sitzen und ohne Schaden zu verweilen, und sehr geeignet, sich darin massieren zu lassen."

(Der antike Schriftsteller Lukian über eine Thermenanlage mit mehreren Warmbädern, Mitte des 2. Jahrhunderts n. Chr.)

Wer vom Kaltbad ***(frigidarium)*** ins Heißbad ***(caldarium)*** oder umgekehrt wechseln wollte, musste das Warmbad ***(tepidarium)*** bzw. das Schwitzbad ***(sudatorium)*** durchschreiten, die dazwischen lagen.

Beim Tepidarium handelte es sich um einen Raum, der durch die Fußbodenheizung und die erwärmten Wände angenehm temperiert war (ca. 25 °C); deshalb konnte man sich dort länger aufhalten. Hier ölte sich der Badegast ein, reinigte seinen Körper mit dem Schaber ***(strigilis)*** oder ließ sich massieren.

Ebenso bestand die Möglichkeit, einfach nur „herumzusitzen" und sich zu unterhalten. Die Tepidarien waren gelegentlich auch mit Wannen ausgestattet.

Im ebenfalls beheizten Sudatorium brachte vor allem die trockene Hitze den Badegast zum Schwitzen.

Schnittmodell („Kernbau") der Zülpicher Thermen, Ende 3./Anfang 4. Jahrhundert n. Chr.
Kalt-, Warm-, Heißbad und Heizraum.

Das Heißbad

„Dies hier sollte man eher einen Scheiterhaufen nennen und nicht ein Bad ... Verschone mich, Bademeister, beim Zeus! Ich bin nämlich ein Mann, der alle Taten der Menschen aufschreibt und die der Götter. Wenn Du den Vorsatz hast, viele lebendigen Leibes zu verbrennen, entzünde einen hölzernen Scheiterhaufen, Du Henker, keinen steinernen!“

(Anonymes Epigramm auf ein siedend heißes Bad, 2. Jahrhundert n. Chr.)

„Wo Du zur Sommerzeit einen Fisch aufbewahren solltest, fragst Du? In Deinen Thermen, Caecilianus, bewahre ihn auf!“

(Klage des Dichters Martial über eine nur unzureichend beheizte Badeanlage, zweite Hälfte des 1. Jahrhunderts n. Chr.)

Im Heißbad ***(caldarium)*** stieg der Badegast in mit ca. 40 °C heißem Wasser gefüllte Becken bzw. Wannen, die – wie der gesamte Raum – durch die Hypokaustanlage von unten beheizt wurden. Die Raumtemperatur betrug gewöhnlich um die 50 °C; die Luftfeuchtigkeit lag bei annähernd 100 %. Nicht selten bot eine kleine Brunnenschale ***(labrum)*** mit kaltem Wasser Erfrischung. Die Fußböden waren oft so erhitzt, dass man nicht barfuß laufen konnte; es empfahl sich – wenn keine Holzplanken ausgelegt waren –, Sandalen zu tragen. Gleichwohl empfand man den Aufenthalt im Caldarium offensichtlich als angenehm; er gehörte einfach zum Badeablauf.

Allerdings gab es wohl gelegentlich Anlass, sich über die Temperaturen zu beklagen: Mal war das Wasser zu heiß, mal der Raum zu kalt. Es konnte natürlich auch zu Verbrühungen kommen.

Die Thermenhalle

Die ***basilica thermarum***, eine große und oft repräsentative Halle, war ein wesentliches Element der römischen Thermenarchitektur. Sie hatte häufig nicht nur die Aufgabe als Umkleideraum ***(apodyterium)*** zu erfüllen; in ihr gab es wohl auch Speisen und Getränke für den hungrigen bzw. durstigen Badegast. Zugleich diente sie als Treffpunkt und bot Platz zum Verweilen.

Bei schlechtem Wetter wurden vielerorts etliche sportliche Übungen, die man sonst unter freien Himmel auf dem Gymnastikhof ***(palaestra)*** durchführte, in die Thermenhalle verlegt; dann wurde dort auch mit Hanteln trainiert, gerungen oder Ball gespielt.

Die Zülpicher Thermen erhielten eine solche Halle offenbar erst Ende des 3./Anfang des 4. Jahrhunderts. Das verputzte Fachwerkgebäude war zwar groß und geräumig, im Vergleich zu entsprechenden Bauten in den Metropolen wie Köln oder gar Rom aber sicherlich nicht so prächtig ausgestattet.

Durchgang von der Ende 3./Anfang 4. Jahrhundert n. Chr. errichteten Thermenhalle ***(basilica thermarum)*** in das Kaltbad ***(frigidarium)*** des „Kernbaus" der Zülpicher Thermen. Die mächtigen Sandsteinblöcke liegen in Höhe des ehemaligen Hallenbodens.

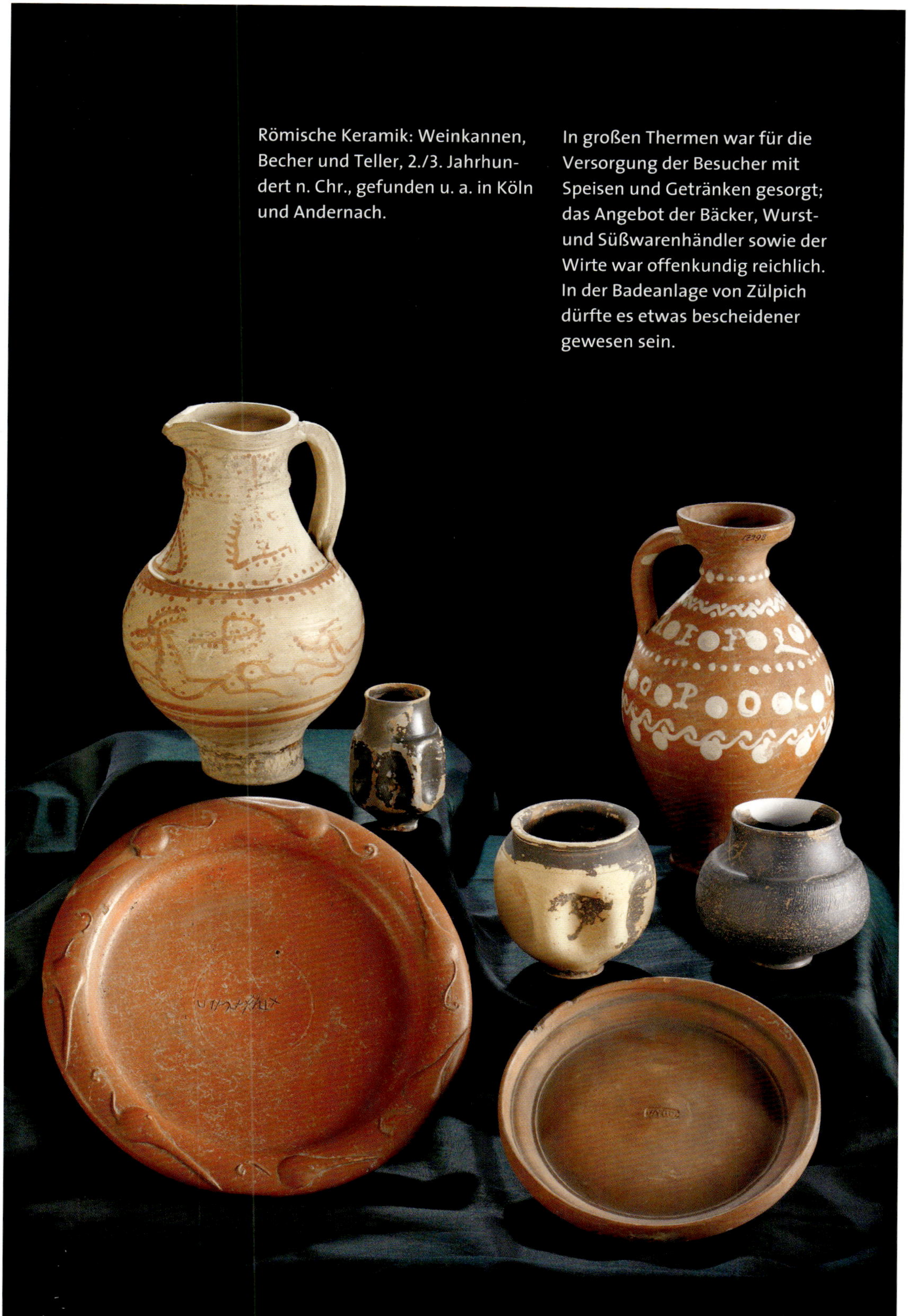

Römische Keramik: Weinkannen, Becher und Teller, 2./3. Jahrhundert n. Chr., gefunden u. a. in Köln und Andernach.

In großen Thermen war für die Versorgung der Besucher mit Speisen und Getränken gesorgt; das Angebot der Bäcker, Wurst- und Süßwarenhändler sowie der Wirte war offenkundig reichlich. In der Badeanlage von Zülpich dürfte es etwas bescheidener gewesen sein.

Jeder zu seiner Zeit …

„Der Pächter des Bades muss das Bad alle Tage heizen und von Tagesanbruch bis zur siebenten Tagesstunde den Frauen, von der achten Stunde bis zur zweiten Abendstunde nach Maßgabe des jeweiligen Vorstehers der Bergwerke den Männern zur Verfügung stellen."

(Aus den Pachtbedingungen eines Bades in Vipasca/Portugal, 2. Jahrhundert n. Chr.)

„Gib den Ball zurück: Es tönt das Thermen-Erz (= das Glöckchen). Du fährst fort zu spielen? Willst Du allein in der Aqua Virgo ‚gebadet' (= ungewaschen) nach Hause gehen?"

(Epigramm des römischen Dichters Martial, zweite Hälfte des 1. Jahrhunderts n. Chr.)

Die öffentlichen Thermenanlagen hatten geregelte Badezeiten. Sie öffneten normalerweise gegen 11.00 Uhr. Frauen und Männer badeten der Geschlechtertrennung wegen gewöhnlich zu unterschiedlichen Zeiten. So konnten die Frauen am Morgen die Thermen besuchen; der Nachmittag und der frühe Abend waren den Männern vorbehalten.
In einzelnen Badeanlagen, die über die doppelte Anzahl von Funktionsräumen (insbesondere von Warm- und Heißbädern) verfügten, war dies vermutlich anders.

Eine Glocke oder ein Gong signalisierte den Besuchern, wenn das Bad geschlossen wurde.

In privat betriebenen oder verpachteten Thermen galten gelegentlich auch andere Regelungen; sie hingen zumeist von lokalen Gegebenheiten ab.

Die älteste römische Münze aus dem Bereich der Zülpicher Thermen: ein unter Kaiser Augustus zwischen 10 v. und 10 n. Chr. in *Nemausus*, im heutigen Nimes (Frankreich), geprägter Dupondius, Bronze.
Auf der Rückseite ist ein an eine Palme gefesseltes Krokodil zu sehen. Dazu Palmzweige.
Die Vorderseite (s. Sammelaufnahme S. 43) zeigt die Porträts des Augustus und des Agrippa.

„Der Pächter (des Bades) soll sich von jedem Mann ½ As, von jeder Frau 1 As zahlen lassen."

(Aus den Pachtbedingungen eines Bades in Vipasca/Portugal, 2. Jahrhundert n. Chr.)

Römische Bronzemünzen (u. a. Asse, Sesterzen und Dupondius) mit den Bildnissen verschiedener römischer Kaiser, Ende 1. Jahrhundert v. bis Ende 4. Jahrhundert n. Chr., gefunden in der Zülpicher Thermenanlage.
Ein Dupondius war 2 Asse, ein Sesterz 4 Asse wert. Der Besuch der Thermen scheiterte in römischer Zeit nicht am Geld.

Auch wenn nicht Kaiser, städtische Beamte und wohlhabende Bürger die Besucher freihielten, war der Eintrittspreis vergleichsweise niedrig. Nach antiken Quellen betrug er ¼ bis 1 As, etwa der Gegenwert für ein Glas Wein. Frauen zahlten mehr als Männer. Kinder und Soldaten hatten freien Eintritt.

Um 320 v. Chr. schuf der griechische Bildhauer Lysippos die bronzene Statue eines Athleten, der sich nach dem Wettkampf mit dem Schaber *(strigilis)* reinigt.
Zu Anfang der römischen Kaiserzeit stand sie in Rom vor den Thermen des Agrippa in der Nähe des Pantheon.
Die Skulptur zählt zu den Meisterwerken der antiken Kunst und wurde in römischer Zeit häufig kopiert. Dieser Abguss stammt von einer Marmorkopie aus dem 1. Jahrhundert n. Chr., die heute in den Vatikanischen Museen zu sehen ist.

Körperpflege, Kosmetik, Medizin
Sauber und gepflegt

„... Und doch sind sie es, die die Sitten des Reiches verdarben, jene Kuren, die wir im gesunden Zustand dulden, wie das Ringen und die Weichsalben, beide angeblich zur Erhaltung der Gesundheit eingeführt, die heißen Bäder, durch die, wie man vorgibt, die Speisen im Körper verdaut werden, so dass jeder weniger gesund herausgehe, die Folgsamsten sogar herausgetragen werden müssen; ... ferner das entmannende Herausreißen der Haare, durch Harze bewirkt ...“

(Der römische Schriftsteller Plinius d. Ä. in seiner „Naturgeschichte“, nach der Mitte des 1. Jahrhunderts n. Chr.)

„Man sagt, Du badest lange, Heliodora, ein altes Weib von hundert Jahren, das nicht in Rente geht. Ich weiß, warum Du das tust: Wie der alte Pelias hoffst Du, Dich durch Aufkochen zu verjüngen.“

(Epigramm des Lukillios, Mitte des 1. Jahrhunderts n. Chr.)

Auch wenn antike Autoren in ihren Erzählungen, Beschreibungen und Gedichten bisweilen den Eindruck erwecken, als seien die römischen Thermenanlagen für einen Großteil der Bevölkerung in erster Linie Orte des gesellschaftlichen Lebens, des „lockeren“ Treibens und des Müßiggangs gewesen, so besuchten doch die meisten die Bäder, um vornehmlich ihren Körper zu reinigen und zu pflegen. Körperpflege und Hygiene hatten nämlich bei den Römern einen hohen Stellenwert.

Dem römischen Dichter und Philosophen L. Annaeus Seneca jedoch schien alles etwas übertrieben. Um die Mitte des 1. Jahrhunderts n. Chr. schrieb er an seinen Freund Lucilius: „Welch bäuerlichen Wesens zeihen jetzt manche den Scipio (= der römische Feldherr C. Scipio Africanus, Sieger über Hannibal und die Karthager in der Schlacht bei Zama 202 v. Chr.) ... Oh, dieser bedauernswerte Mann! Er pflegte nicht in geklärtem Wasser zu baden, sondern oft in trübem und bisweilen, wenn es allzu heftig regnete, sogar in beinahe schmutzigem. Aber ihn kümmerte es nicht viel, ob er sich so badete. Denn er kam ja nur, um seinen Schweiß dort abzuwaschen, nicht aber Salbe. Ja, er badete sich nicht einmal täglich. Denn wie die Schriftsteller, die von den alten Sitten Roms berichten, wusch man sich damals zwar täglich Arme und Beine, an denen natürlich der Schmutz des Tagewerkes haftete; am ganzen Körper indessen badete man sich jede Woche nur einmal. Hier wird wohl mancher sagen ‚Ich wusste längst, dass sie Schweine waren. Wie mögen sie gerochen haben?‘. Nun, nach Waffenübung, nach Arbeit, kurz: nach Mannhaftigkeit! Seitdem die feinen Bäder erfunden worden sind, ist man viel schweiniger geworden.“

Nicht nur mit Wasser allein

„Von Nutzen ist auch die Seife, eine gallische Erfindung, ... Man bereitet sie aus Talg und Asche, die beste aus Buchenasche und Ziegentalg ...“

(Der römische Schriftsteller Plinius d. Ä. in seiner „Naturgeschichte“, nach der Mitte des 1. Jahrhunderts n. Chr.)

Ölfläschchen *(ampulla)* und Schaber *(strigilis)* waren wichtige Badeutensilien; in den Thermen reinigte man sich nämlich nicht nur mit Wasser, sondern auch mit Öl. Dabei wurde der ganze Körper zu Beginn des Badevorgangs, nach dem Schwitzen im Tepidarium bzw. Sudatorium oder auch nach den sportlichen Betätigungen in der Palaestra mit Öl eingerieben. Dann nahm man die Strigilis und schabte den Ölfilm mit dem eingebundenen Schmutz, Staub und Schweiß sorgfältig von der Haut ab. Dieser wohltuende Vorgang konnte beliebig oft wiederholt werden. Auch nach dem Bad ölte man sich gewöhnlich noch einmal ein.

Das Öl – zumeist Olivenöl – brachten sich die Badegäste in der Regel von zu Hause mit; es war aber auch in den Bädern käuflich zu erwerben. Falls man keinen eigenen Schaber besaß, konnte man ihn sich ausleihen.

Seife im heutigen Sinne kannten die Römer nicht. Als Reinigungsmittel verwendete man hauptsächlich tonige Erden, Bimssteine oder fett- und aschehaltige Pasten, wie beispielsweise „sapo“. In den Thermen war ihr Gebrauch jedoch verpönt.

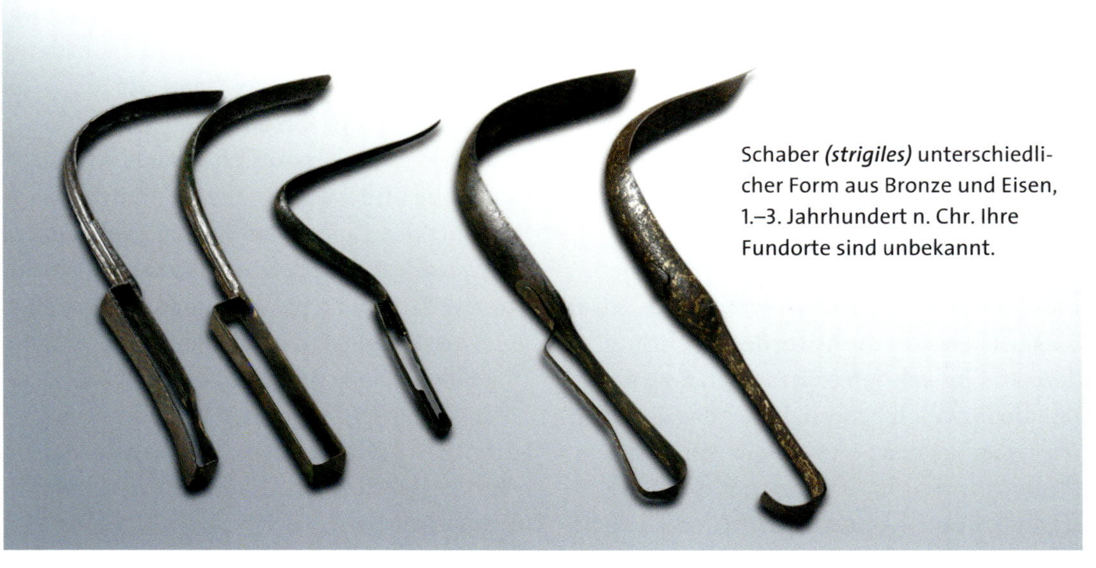

Schaber *(strigiles)* unterschiedlicher Form aus Bronze und Eisen, 1.–3. Jahrhundert n. Chr. Ihre Fundorte sind unbekannt.

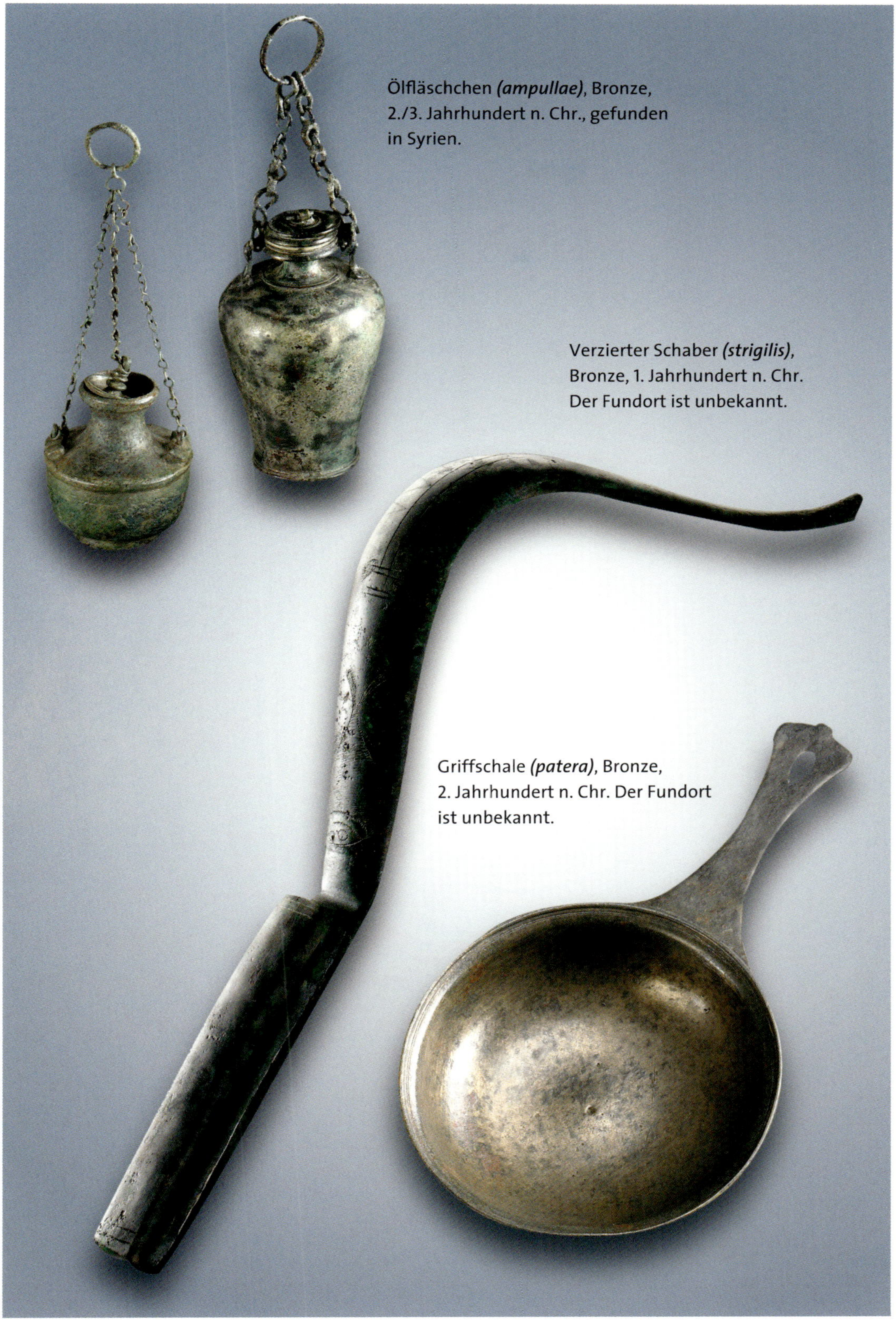

Ölfläschchen *(ampullae)*, Bronze, 2./3. Jahrhundert n. Chr., gefunden in Syrien.

Verzierter Schaber *(strigilis)*, Bronze, 1. Jahrhundert n. Chr. Der Fundort ist unbekannt.

Griffschale *(patera)*, Bronze, 2. Jahrhundert n. Chr. Der Fundort ist unbekannt.

Sich pflegen

„So schlecht riecht Thais, wie selbst nicht eines geizigen Walkers alter Tontopf auf der Straße, wenn er gerade zerbrochen ist, wie nicht der Bock, der gerade deckte, nicht das Maul des Löwen, nicht das Fell, das einem Hund abgezogen wurde, in Trastevere, nicht wenn das Küken im faulenden Ei verwest, nicht die mit schlecht gewordener Fischsauce verdorbene Amphore. Sooft sie, um listig diesen Gestank mit einem anderen Geruch zu vertauschen, ihr Kleid ablegt und das Bad aufsucht, ist sie grün von Salbe oder bleibt ganz verborgen, beschmiert mit saurem Schlamm, oder sie wird drei- und viermal bedeckt von fettem Bohnenmehl. Wenn sie sich durch tausend Tricks ganz sicher fühlt, wenn sie alles ausgeführt hat, – so riecht Thais weiterhin doch nur nach Thais."

(Epigramm des römischen Dichters Martial, zweite Hälfte des 1. Jahrhunderts n. Chr.)

Für jede Römerin und jeden Römer, die etwas auf sich hielten und Erfolg haben wollten, gehörte die Körperpflege geradezu zum absoluten Muss. Und so versteht es sich, dass Männer wie Frauen regelmäßig die Thermen besuchten, um dort mehr oder weniger ausgiebig und ganz nach Belieben die vielfältigen Angebote in Anspruch zu nehmen. Beispielsweise konnte man sich gegen zusätzliche Bezahlung massieren, von lästigen Haaren befreien, mit wohlriechenden Ölen und Salben einreiben, schminken und frisieren lassen. In größeren Bädern gab es nicht nur die dafür erforderlichen Räume, sondern auch das entsprechende Personal: Masseure, Haarausreißer, Kosmetikerinnen und Friseure. Offenbar hatten sie allerdings nicht immer eine im wahrsten Wortsinne „glückliche Hand", wie überlieferte Klagen und Beschwerden beweisen. Um der Schönheit willen ertrug man aber manchen Schmerz.

In der vergleichsweise kleinen Badeanlage von Zülpich wird zunächst vornehmlich das Warmbad ***(tepidarium)*** des „Kernbaus" für die Körperpflege zur Verfügung gestanden haben; durch die Erweiterung Anfang des 3. Jahrhunderts kam ein weiteres hinzu.

Eine Frau im Kreise ihrer Dienerinnen bei der allmorgendlichen Toilette. Frisierszene auf einem Grabrelief, Anfang 3. Jahrhundert n. Chr., gefunden in Neumagen a. d. Mosel. Trier, Rheinisches Landesmuseum.

Haare lassen

Körperhaare wurden in der römischen Antike als störend empfunden; sie entsprachen nicht dem gängigen Schönheitsideal. Deshalb ließ man sie sich entfernen. Dies geschah nicht nur mit Hilfe von Pinzetten aus Bronze. Größere Partien wurden auch durch den Auftrag einer speziellen Enthaarungspaste enthaart, die man nach dem Einwirken samt den abgelösten Haaren mit einem Schaber ***(strigilis)*** abstrich.

Eine besonders schmerzhafte Methode war wohl, einen mit klebrigem Tannen- oder Fichtenharz bestrichenen Leinenlappen aufzulegen und dann die Haare mit einem Ruck herauszureißen.

Auf das Aussehen kam es an

Der Römer bzw. die Römerin „von Stand" half dem gepflegten Aussehen bisweilen mit Tinkturen, Schminke und Parfüms nach. Auch kam es ihnen auf einen zeitgemäßen Haarschnitt und eine modische Frisur an.

Obwohl man sich auch schon in der Antike aus verständlichen Gründen nicht in aller Öffentlichkeit, sondern zu Hause schminkte und zurecht machte, war es möglich, dies ebenso in den Thermen zu tun und sie nach einem wahrhaft schweißtreibenden Aufenthalt frisch „gestylt" und angenehm duftend zu verlassen. Dazu bediente man sich gegebenenfalls des einschlägigen Personals.

Wenn es darum ging, einen allzu blassen Teint zu überdecken, wurde Rouge aufgetragen, vornehme Blässe mit Bleiweiß verstärkt. Getuschte Wimpern und Lidschatten betonten die Augen, rot nachgezogene Lippen den Mund. Auch die natürliche Haarfarbe erfuhr gelegentlich eine Korrektur.

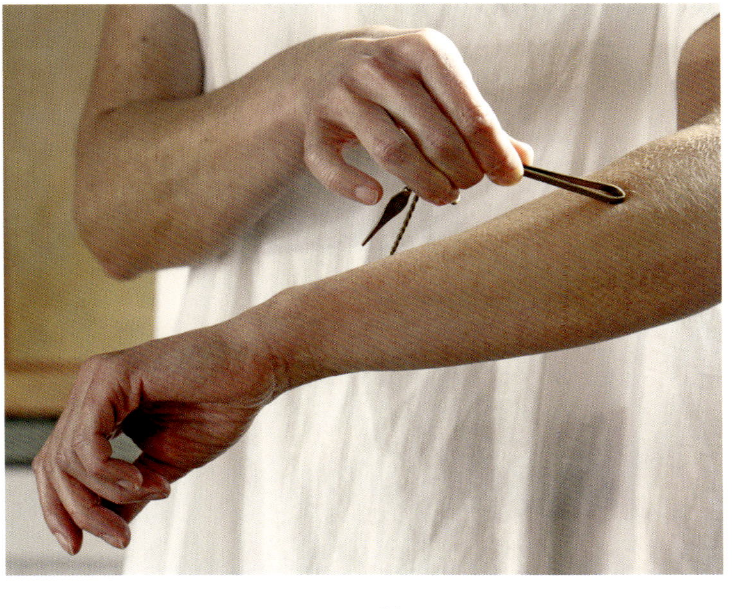

In der Antike wurden lästige Haare – wie hier demonstriert – häufig mit einer Pinzette ausgezupft.

„Dass Du die Brust Dir enthaarst, die Schenkel und auch die Arme, dass Dein Schwänzchen geschoren kürzeres Haar nur umsäumt, das, Labienus, tust Du, jeder weiß, Deiner Freundin zuliebe. Wem, Labienus, zulieb, dass Du den Hintern enthaarst?“

(Aus einem Epigramm des römischen Dichters Martial, zweite Hälfte des 1. Jahrhunderts n. Chr.)

Eiserne Pinzette zum Auszupfen der Haare, 3. Jahrhundert n. Chr. Der Fundort ist unbekannt.

Bronzefläschchen für Wimperntusche mit anhängendem „Tupfer“, 2./3. Jahrhundert n. Chr. Der Fundort ist unbekannt.

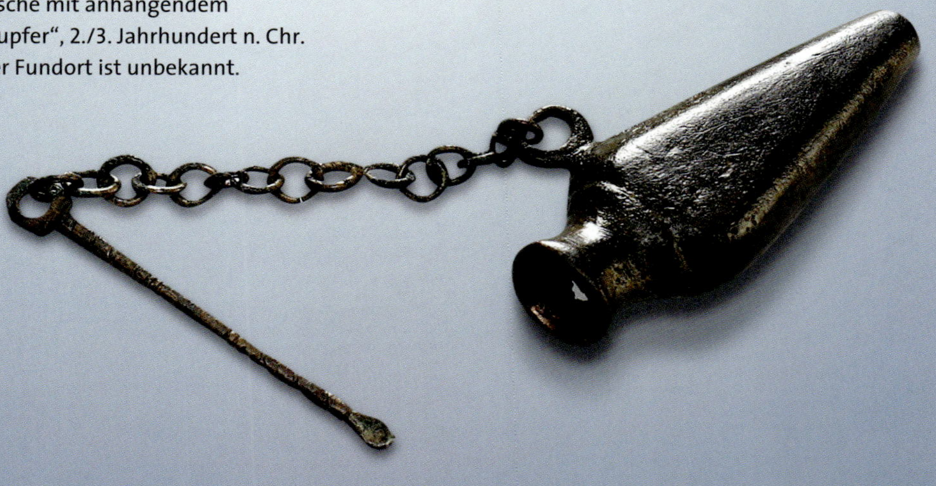

„Dein schönes Gesicht verbirgst Du mit einer schwarzen Schönheitspaste, doch mit Deinem keineswegs so schönen Körper verdirbst Du das Wasser. Glaube, die Göttin selber spricht zu Dir in meinen Worten: ‚Mach entweder Dein Gesicht frei oder bade im Kleid!'"

(Epigramm des römischen Dichters Martial,
zweite Hälfte des 1. Jahrhunderts n. Chr.)

Ordentlich angerührt

Schminke wurde in römischer Zeit nicht gebrauchsfertig angeboten. Vielmehr musste man zunächst einmal ihre Grundsubstanzen mit einem dafür an beiden Enden eigens hergerichteten Spatel auf einer kleinen, meist aus Schiefer gefertigten Platte (Schminkplatte) zu Pulver zerreiben, mit ein wenig Wasser anrühren und zu einer pastenartigen Masse vermengen. Erst diese Paste konnte man dann auf das Gesicht auftragen.

Schminkplatte und Spatel gehörten in der Römerzeit zu den wichtigsten Schminkutensilien; dennoch wurden sie bislang zumeist nicht in Siedlungs-, sondern in Grabzusammenhängen gefunden.

Reibplatten aus Schiefer und Kalkstein, 2./3. Jahrhundert n. Chr., gefunden in Zülpich. Die Fundorte der Bronzespateln sind unbekannt.

Parfümfläschchen/Flakons *(balsamaria)* verschiedenster Form, Glas, 2./3. Jahrhundert n. Chr., gefunden in Köln.

Gut aufbewahrt

Die Kosmetika wurden in Behältern unterschiedlicher Form und Materialien transportiert und aufbewahrt. Besonders formenreich und phantasievoll sind die Fläschchen und Flacons aus Glas für Duftöle und Parfüms; wie die Schminkutensilien stammen sie in ihrer Mehrzahl aus Gräbern des 1. bis 4. Jahrhunderts n. Chr. und waren den Verstorbenen mit anderen Gegenständen des täglichen Gebrauchs mit ins Grab gegeben worden. Auch im Jenseits sollten die Toten nicht darauf verzichten müssen.

Parfümfläschchen in Form einer Taube, Glas, 1. Jahrhundert n. Chr., gefunden in Köln. Köln, Römisch-Germanisches Museum.

Glasfläschchen/Parfümbehälter *(balsamaria)*, 2./3. Jahrhundert n. Chr., gefunden in Zülpich.

„Phoebus, mit Salbe lügst Du, Du habest noch echte Haare; schlichte Glatze wird so zugemalt mit falschem Haar. Einen Barbier für Dein Haupt zu bemühen, ist deshalb nicht nötig; Dich vermag zu rasieren besser, Phoebus, ein Schwamm."

(Epigramm des römischen Dichters Martial, zweite Hälfte des 1. Jahrhunderts n. Chr.)

Und dann noch die Frisur

Das Erscheinungsbild eines römischen Mannes oder einer römischen Frau wurde ganz entscheidend von der Frisur geprägt. Deshalb war man vor allem in der Kaiserzeit bemüht, immer mit der Mode zu gehen. Die Trends bestimmte spätestens von der Mitte des 1. Jahrhunderts n. Chr. an bis in die Spätantike hinein das Kaiserhaus. Man schnitt, kämmte und legte sein Haar so wie der Kaiser oder die Kaiserin in Rom, deren Porträts insbesondere über die Münzbildnisse stets vergleichsweise schnell im ganzen Reich verbreitet wurden. Wo es an Haaren fehlte, griff man auch auf Toupets und Haarteile zurück.

Scheren aus Eisen, 2./3. Jahrhundert n. Chr., gefunden in Köln.

Kunstvolle Frisuren waren im normalen Alltag eher hinderlich. Zu Hause bevorzugten die Frauen deshalb, ihre langen Haare einfach zu scheiteln, Zöpfe zu flechten und sie im Nacken zu einem Knoten zusammenzustecken. Dies war gewöhnlich auch die Frisur der einfachen Frau. Die Männer hatten meistens kurz geschnittene, ungescheitelte Haare.

Bei den Ausgrabungen in römischen Siedlungen und Friedhöfen finden sich immer wieder Kämme aus Bein, Scheren oder ehemals mit Weißmetall oder Silber überzogene und polierte Griffspiegel aus Bronze, dazu oft reich verzierte beinerne bzw. bronzene und aus Gagat gefertigte Haarnadeln. Entsprechende Funde aus dem Bereich von Thermenanlagen bestätigen antike Berichte, wonach dort – neben anderen Dienstleistern – auch Friseure ***(tonsores)*** ihrem Beruf nachgegangen sind. In den kleinen Zülpicher Thermen war das wohl nicht der Fall; es wird ihnen hier an Kundschaft gefehlt haben.

Kamm und Haarnadeln, Bein,
2./3. Jahrhundert n. Chr.,
gefunden in Köln und Zülpich.

Bei der Porträtbüste handelt es sich vermutlich um ein Bildnis der Flavia Domitilla, der Gattin des Kaisers Vespasian (69–79 n. Chr.). Die Haare sind kunstvoll in mehreren Reihen kleinerer und größerer Locken um die Stirn gelegt und seitlich in Strähnen zu einem Nest im Nacken zusammengeführt. Eine solche „kaiserliche“ Frisur trugen damals dann auch die „Damen von Welt“.

Griffspiegel, Bronze teilweise noch mit Weißmetallüberzug, 2./3. Jahrhundert n. Chr. Die Fundorte sind unbekannt.

Gesund war, was nicht krank machte

„Ob sich jemand vor oder nach dem warmen Bad einölen soll, dürfte er am besten aus seinem Gesundheitszustand erkennen. Gewöhnlich soll man, wenn nicht ausdrücklich verordnet ist, es erst später tun; gleich nach der Erregung des Schweißes den Körper leicht einölen, dann erst steigt man ins Warmbad. Nach dem Bad muss man den Körper mit Öl einreiben, um zu verhindern, dass er mehr als nötig von der Luft durchweht wird, damit die Poren der Haut geschlossen werden. Eben dies dürfte ein Heilmittel gegen die Sprödigkeit der Haut und zugleich gewissermaßen ein Panzer gegen die Schädigung durch die umgebende Luft sein.“

(Aus der Enzyklopädie des römischen Schriftstellers Celsus, erste Hälfte des 1. Jahrhunderts n. Chr.)

„Anhaltende Bäder zerstören die Kräfte und lassen die körperliche Spannkraft erschlaffen, sie führen oftmals Schwächezustände herbei und Ohnmachtsanfälle … ‚Menschenwalkereien‘ nannten sie die Alten, weil sie die Körper schneller, als es sein sollte, schrumpfen lassen und sie durch das Abkochen zwingen, vorzeitig zu altern, da das Fleisch in gleicher Weise wie das Eisen von der Hitze erweicht wird. Darum haben wir gleichsam das Eintauchen und die Stählung durch das kalte Wasser nötig.“

(Aus der Einführungsschrift des alexandrinischen Gelehrten Clemens in die christliche Lebensführung, um 200 n. Chr.)

Bronzene Schröpfköpfe (Kopien) aus dem Binger Arztgrab, erste Hälfte 2. Jahrhundert n. Chr. Die Originale befinden sich in Bingen, Historisches Museum am Strom – Hildegard von Bingen. Das Blutschröpfen zur Heilung eines Patienten gehörte in römischer Zeit zur alltäglichen ärztlichen Praxis.

Behandlung eines verwundeten Kriegers durch einen Arzt. Es handelt sich vermutlich um eine Szene aus dem mythischen Kampf um Troja.

Reliefdarstellung auf einem Grabmal, zweite Hälfte 1. Jahrhundert n. Chr., gefunden in Köln. Köln, Römisch-Germanisches Museum.

Medizinische Instrumente: Ohrsonden, Wundhaken, Nadeln und Pinzette aus Bronze und Bein, 1.–3. Jahrhundert n. Chr. Die Fundorte sind unbekannt.

Die meisten römischen Thermen waren keine ausgesprochenen Heilbäder, wie etwa die Anlagen in *Aquae Granni*/Aachen. Gleichwohl glaubte man, dass der ständige Wechsel zwischen Heiß- und Kaltbad, das gezielte Schwitzen, die gymnastischen Übungen und die Massagen, die in den „normalen" Badeanlagen angeboten wurden, dem Körper gut täten und die Gesundheit förderten. Insofern hatte der Thermenbesuch in römischer Zeit immer auch eine – allerdings bisweilen nicht ganz unumstrittene – medizinische Komponente.

Vieles spricht dafür, dass zumindest in den größeren Thermenanlagen auch Ärzte praktizierten. So wurde u. a. in den Stadtthermen der *Colonia Ulpia Traiana*/Xanten ein Ärztebesteck gefunden. Auch anderswo kam bei Ausgrabungen immer wieder medizinisches Gerät zutage: Skalpelle, Wundhaken, Sägen, Sonden, Ohrlöffel, Pinzetten, Spateln, Zangen, Schröpfköpfe, Okulare, Starnadeln oder Salbenstempel. Sie deuten auf eine starke Spezialisierung der Ärzteschaft hin: Allgemeinmediziner, Internisten, Chirurgen, Frauenärzte oder auch Zahnärzte.

Ob es im Vicus von Zülpich überhaupt einen Arzt gegeben hat, ist mehr als fraglich. Vermutlich musste man sich bei ernsthafteren Verletzungen und Erkrankungen zur ärztlichen Behandlung in die nicht allzu ferne Provinzhauptstadt Köln begeben.

Griff eines Skalpells, Bronze, 2. Jahrhundert n. Chr., gefunden in Zülpich.

Hülse (Etui) für medizinische Instrumente, Bronze, 2./3. Jahrhundert n. Chr., gefunden in Köln.

Originalputz und Fugenstrich an der südwestlichen Außenwand der am „Kernbau“ der Zülpicher Thermen erkerartig vorspringenden Wanne des Kaltbades *(frigidarium)*. Blick von Südwesten.

Die Thermen – ein repräsentatives Gebäude

„Nach den Aufenthaltsräumen kommen beiderseits ausreichende Garderoben für die sich Entkleidenden und dazwischen ein sehr hoher und strahlend heller Saal, der drei Becken mit kaltem Wasser enthält, mit lakonischem Marmor verziert ist und in dem altertümliche weiße Statuen von Hygieia und Asklepios stehen."

(Aus dem Bericht des antiken Schriftstellers Lukian über eine Thermenbesichtigung, Mitte des 2. Jahrhunderts n. Chr.)

„Kaum findet der lakonische Marmor Platz, durch grüne Streifen in weitem Abstand den phrygischen zu gliedern. Dem steht die Schwelle nicht nach; auch die Wölbungen funkeln, und von buntem Glasmosaik strahlt die Decke in lebenssprühenden Bildern ... Was soll ich jetzt noch das am Boden hingebreitete Getäfel preisen, das bald den Aufschlag der Bälle hören soll, da wo mildes Feuer in seinem Wohnsitz herumirrt und die Bodenheizung ihren dünnen Rauch dahinwälzt?"

(Der römische Dichter Statius über das Bad des Etruscus, zweite Hälfte des 1. Jahrhunderts n. Chr.)

Modell der Caracalla-Thermen in Rom. Mit einer Grundfläche von ca. 300 m mal 200 m zählte die im Jahre 216 n. Chr. eröffnete Badeanlage zu den größten und prächtigsten ihrer Art im ganzen Römischen Reich. Sie war bis in die erste Hälfte des 6. Jahrhunderts n. Chr. in Betrieb.

Thermen waren in römischer Zeit nicht nur Zweckbauten; in ihrer oft monumentalen Architektur und reichen Ausstattung erfüllten sie häufig selbst höchste Ansprüche. Sie besaßen gewöhnlich aufwendig gestaltete Fassaden und prächtige Eingänge. Die Fußböden, die Becken und die Wände der Räume waren nicht selten mit wertvollen Mosaiken, Marmor und Wandmalereien verziert. Hinzu kam innen wie außen ein reicher Bau- und Figurenschmuck.

Bei vielen Thermen in Rom und anderswo im Römischen Reich handelte es sich um Stiftungen des Kaisers oder anderer Persönlichkeiten des öffentlichen Lebens, die sich damit gleichsam ein „Denkmal“ setzten.

Blick in das Heißbad *(caldarium)* der rekonstruierten Herbergsthermen im Archäologischen Park Xanten. Dort täuscht die Wandmalerei – wie in der römischen Antike nicht unüblich – u. a. eine wertvolle Ausstattung des Raumes mit buntem Marmor vor.

Klein, aber fein

„Publius Lucanius Quadratus, Sohn des Lucius, aus der Tribus Terentina, Duumvir (= Bürgermeister), Quaestor (= Kämmerer) zum zweiten Mal, hat das Bad vollständig aus eigenen Mitteln gestiftet."

(Inschrift aus Venafro/Italien, 1. Jahrhundert n. Chr.)

Die Anzahl und die Größe der öffentlichen Thermen ***(balneae)*** hingen gewöhnlich von der Bedeutung der Städte oder Siedlungen und der Zahl ihrer Einwohner, nicht zuletzt aber auch von der Bereitschaft reicher Bürger bzw. hochgestellter Persönlichkeiten ab, den Bau und die Unterhaltung solcher Gebäude zu finanzieren. So soll es in Rom, der Hauptstadt des Römischen Reiches, zu Beginn der Regierungszeit des Augustus (27 v.–14 n. Chr.) etwa 170, unter Kaiser Konstantin I. (306–337 n. Chr.) mehr als 850 öffentliche Badeanlagen gegeben haben.

Diese Thermen – ob groß oder klein – hatten im Kern stets dieselbe Raumabfolge: Kaltbad ***(frigidarium)***, Warmbad ***(tepidarium)*** und Heißbad ***(caldarium)*** lagen hintereinander (sog. Reihentypus) oder waren so angeordnet, dass sie einen Rundgang zuließen (sog. Ringtypus). Sofern sie öffentlich waren, kam noch ein Gymnastikhof ***(palaestra)*** hinzu. Alle verfügten auch mehr oder weniger über die gleiche Technik: In jeder Thermenanlage gab es Fußboden- und Wandheizungen, Vorrichtungen und Apparaturen für die Erhitzung des Wassers oder ein ausgeklügeltes Kanal- und Leitungssystem.

Folgten also Thermenbauten stets demselben architektonischen Schema mit der dazugehörigen technischen Ausstattung, so standen die kleinen Anlagen den großen darüber hinaus oft in einem weiteren Punkt kaum nach: Auch sie waren bisweilen „Vorzeigeobjekte" und entsprechend aufwendig eingerichtet.

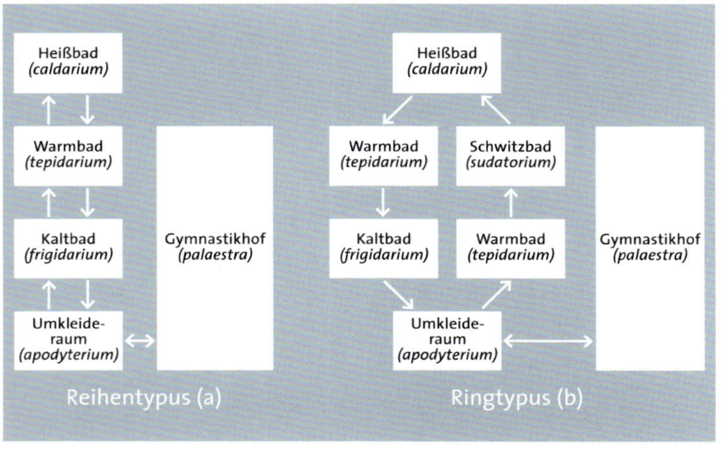

Beim Reihentypus (a) liegen die Baderäume in einer Reihe und werden beim Baden auf dem Hin- und Rückweg durchschritten. Beim Ringtypus (b) sind die Räume so angeordnet, dass sie nach einmaligem Durchschreiten zum Ausgangspunkt zurückführen.

Blick von Osten in die Fußbodenheizung ***(hypocaustum)*** und auf die Ende 3./Anfang 4. Jahrhundert n. Chr. durch einen ovalen Einbau verkleinerte Wanne des Heißbades ***(caldarium)*** im „Kernbau" der Zülpicher Thermen.

Bau-, Sanitär- und Heiztechnik

„Über dem Praefurnium sind drei Bronzekessel aufzustellen. Einer für heißes, einer für warmes, einer für kaltes Wasser. Sie müssen so montiert werden, dass so viel, wie an warmem Wasser aus dem Warmwasserkessel in den Heißwasserkessel geflossen ist, aus dem Kaltwasserkessel wieder in den Warmwasserkessel zufließt."

(Der römische Architekt Vitruv in seiner Schrift „De architectura",
Ende des 1. Jahrhunderts v. Chr.)

Römische Thermen waren Funktionsbauten mit einer ausgeklügelten Technik. Dies gilt nicht nur für das weit verzweigte Heizungssystem, sondern auch für die notwendigen sanitären Einrichtungen. Ihre Standards werden erst wieder im 19. Jahrhundert erreicht.

Licht und Beleuchtung

Tagsüber genügte eigentlich das Licht, das durch die Fensteröffnungen hereinfiel, um die Räume einer Badeanlage zu beleuchten. Am frühen Morgen oder am Abend, aber auch in den Wintermonaten, wenn es draußen dunkel war, sorgten dagegen brennende Fackeln und Öllampen dafür, dass man in den Thermen etwas sehen konnte.

Rekonstruktion eines Fensters mit Doppelverglasung in den sog. Herbergsthermen im Archäologischen Park Xanten nach dem Vorbild der Badeanlagen in Pompeji und Herculaneum (Italien).

Öllampen mit Darstellungen
der Göttin Venus, eines Skorpions
und eines Ruderschiffes (Galeere),
Ton, 1./2. Jahrhundert n. Chr.
Die Fundorte sind unbekannt.

Öllampe mit Tierkopf, Delphinen
und Hängevorrichtung, Bronze,
3./4. Jahrhundert n. Chr., gefunden
im Bereich der Zülpicher Thermen.

Vor allem Wasser!

„Fließendes Wasser für das Bad soll er (= der Pächter der Thermenanlage) Männern und Frauen bis zum höchsten Frosch (= Wasserstandsmarke) für die von unten beheizten Bassins und für das Becken ordnungsgemäß liefern ... Die Kessel, die er benutzt, soll er allmonatlich aufs Neue ordnungsgemäß abwaschen und mit Fett einreiben."

(Aus den Pachtbedingungen einer Badeanlage in Vipasca/Portugal, 2. Jahrhundert n. Chr.)

Zum Betrieb der Thermen benötigten die Römer Unmengen von Wasser. Deshalb scheuten sie weder Kosten noch Mühen, es selbst über größte Distanzen heranzuschaffen. Sie fassten Quellen, bauten kilometerlange Wasserleitungen aus Stein (Aquädukte), tiefe Brunnen, Kolbenpumpen und hölzerne Schöpfwerke. So gelangte stets ausreichend Frischwasser in die Badeanlagen; es lief meist zunächst in Sammel- und Verteilerbecken. Von dort wurde das Wasser vornehmlich durch Blei-, aber auch über Holz- oder Tonleitungen zu den verschiedenen Zapfstellen bzw. in die Kessel, Becken und Wannen im Thermenbereich geleitet.

In Zülpich deutet eigentlich alles darauf hin, dass die Thermen mit Brunnenwasser versorgt wurden. Fernleitungen, die etwa Quellgebiete am Rande der Nordeifel erschlossen hätten, sind bislang nicht bekannt.

Ohne heißes Wasser ging es nicht

Für die Heißwasserbecken bzw. -wannen im Heißbad *(caldarium)* brauchte man heißes Wasser. Es kam über Bleileitungen aus Bronze- oder Kupferkesseln, die unmittelbar über der Heizstelle *(praefurnium)* der Fußbodenheizung *(hypocaustum)* standen. „Misch-

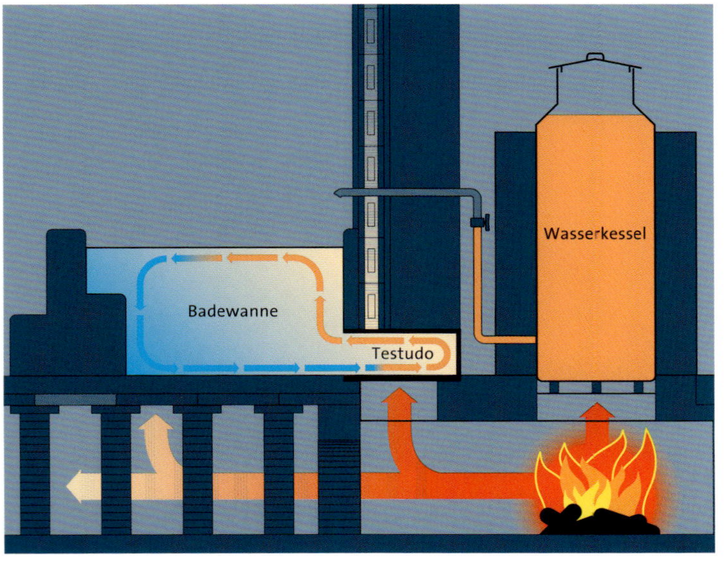

Schematische Darstellung der sog. Testudo (= Schildkröte) und ihrer Funktion.

Exkurs:
Brunnen

Bei den Ausgrabungen im Bereich der Zülpicher Themen im Jahre 2002 stießen die Archäologen auf zwei Brunnen; die Fundstellen sind im Museum auf dem Boden markiert.

Der eine Brunnen besaß einen im unteren Teil runden, darüber sechseckigen aus Eichenbohlen und -pfosten gezimmerten Brunnenkasten; er reichte bis in eine Tiefe von 5,66 m hinab. Dendrochronologische Untersuchungen haben ergeben, dass das Holz für den Brunnenbau zwischen 320 und 336 n. Chr. geschlagen worden war.

Der Brunnenkasten des zweiten, ca. 4,55 m tiefen Brunnens – ebenfalls aus Eichenholz – war unten quadratisch. Darüber fanden sich Reste einer runden Sandsteinsetzung. Er ließ sich dendrochronologisch nicht datieren, könnte aber auch in die Spätantike gehören.

Von den steinernen Einfassungen und den Auf- bzw. Überbauten beider Brunnen wurde nichts gefunden.

Die Bedeutung dieser Brunnen für die Wasserversorgung der Zülpicher Thermen ist unklar. Entsprechende Hinweise fehlen. Ältere Brunnen in unmittelbarer Nähe des Badegebäudes konnten bei den bisherigen archäologischen Untersuchungen noch nicht nachgewiesen werden. Da bislang aber auch noch keine Fernleitung bekannt geworden ist, die das für den Badebetrieb benötigte Wasser etwa aus den Quellgebieten am Rande der Nordeifel herangeführt hätte, sollte man annehmen, dass die Anlage von Anfang an über solche Brunnen versorgt wurde. Kolbenpumpen, Schöpfwerke und ein entsprechendes Leitungssystem hätten es jedenfalls ermöglicht, das Wasser aus der Tiefe zu holen und in ein wasserturmartiges Reservoir (Hochbehälter) einzuspeisen; dort wäre es jederzeit verfügbar gewesen. Wo aber ein solcher Hochbehälter in Zülpich gestanden haben könnte, lässt sich nicht sagen.

Spätantiker Brunnen südlich des Kaltbades der Zülpicher Thermenanlage. Hölzerne Auskleidung des unteren, runden Brunnenkastens während der Ausgrabungen im Jahre 2002, zwischen 320 und 336 n. Chr.

„In dieses Schwimmbassin führt eine Leitung, die im Bogen an den äußeren Seiten des Beckens herumläuft, das dem Berggipfel entzogene Wasser; sechs Wasserspeier lassen es aus Löwenköpfen hervorströmen."

(Aus einer Badbeschreibung des Apollinaris Sidonius in Südfrankreich, 5. Jahrhundert n. Chr.)

Wasserarmaturen: Bleirohr mit bronzener Verschlussklappe, 2./3. Jahrhundert n. Chr., gefunden in Simmern/Rhein-Hunsrück-Kreis. Wasserspeier in Form eines Delphins, Bronze, 3. Jahrhundert n. Chr., gefunden in Köln. Absperrventil, aus Messing, 2./3. Jahrhundert n. Chr., gefunden in Elsdorf-Oberempt/Rhein-Erft-Kreis.

batterien“ erlaubten es, Heiß- und Kaltwasser nach Bedarf und Belieben zu mischen. Das Wasser in den Becken bzw. Wannen des Caldariums wurde durch die sog. Testudo (= Schildkröte), eine Art Durchlauferhitzer, heiß gehalten. Dabei handelte es sich um einen metallenen, zum Becken bzw. zur Wanne hin offenen Halbzylinder, der direkt über dem Heizkanal des Praefurniums lag und in seiner Form an den Panzer einer Schildkröte erinnerte.

Hähne, Absperrventile und andere Armaturen

In den Thermenanlagen wurden der Zu- und der Abfluss des Wassers durch Absperrhähne, Verteilerköpfe und Verschlussklappen aus Bronze oder Messing geregelt, die in die Bleileitungen eingesetzt und mit ihnen verlötet waren. Manche Ausflüsse hatten die Gestalt eines aufgerissenen Löwen-, Hunde- oder auch Delphinmauls; diese zumeist bronzenen Wasserspeier waren häufig kunstvoll gearbeitet.

Die römischen Wasser- und Badearmaturen unterschieden sich zumeist in Konstruktion, Form und Funktion kaum von den heutigen.

Wohin mit dem Abwasser?

Bei einer römischen Thermenanlage fiel naturgemäß viel Abwasser an, das abgeleitet und entsorgt werden musste. Auch dafür gab es ein entsprechendes Leitungs- und Kanalsystem; es bestand in der Regel aus groß dimensionierten Tonrohren, gegossenen oder fest gemauerten, mit wasserdichtem Putz ausgekleideten und mit Stein- oder Ziegelplatten abgedeckten Kanälen, die aus dem Gebäude herausführten und entweder in einen nahen Straßenkanal (Sammler), in Sickergruben oder etwas weiter entfernt im freien Gelände mündeten. Das Abwasser wurde aber auch genutzt, um die Toiletten *(latrina)* der Thermen durchzuspülen und zu reinigen. So war es auch im römischen Zülpich.

Wasserspeier in Form eines Wolfskopfes (Kopie). Das Bronzeoriginal aus dem 2. Jahrhundert n. Chr. wurde in *Vetera II* (Xanten) gefunden. Es befindet sich im RömerMuseum im Archäologischen Park Xanten.

Wohlige Wärme

„Die schwebenden Fußböden der heißen Bäder müssen so angelegt werden, dass zuerst aus Ziegelplatten von 1½ Fuß (1 röm. Fuß = 29,6 cm) ein Bodenbelag gelegt wird, der zur Feuerstelle so geneigt ist, dass ein Ball, den man hineinwirft, nicht innen liegen bleiben kann, sondern ganz von selbst wieder dorthin zurückrollt. So wird sich die Flamme leichter unter dem ‚Schwebeboden' verbreiten. Über dem Plattenboden führe man aus achtzölligen Ziegeln Pfeiler auf, so in Abständen verteilt, dass Ziegelplatten von 2 Fuß darüber gelegt werden können. Die Pfeiler sollen eine Höhe von 2 Fuß haben. Sie sollen mit Lehm, der mit Haaren durchknetet ist, geschichtet werden, und darüber sollen dann 2 Fuß lange Ziegelplatten gelegt werden, die den Estrich tragen."

(Der römische Architekt Vitruv in seiner Schrift „De architectura" über den Bau eines Hypocaustums, Ende des 1. Jahrhunderts v. Chr.)

Zu den wichtigsten technischen Einrichtungen einer römischen Badeanlage zählte die Fußbodenheizung. Sie sorgte dafür, dass im Heißbad ***(caldarium)***, im Warmbad ***(tepidarium)*** und im Schwitzbad ***(sudatorium)*** die erforderlichen Raumtemperaturen herrschten. Auch zahlreiche Privathäuser in Stadt und Land besaßen beheizbare Räume.

Schematische Darstellung einer Fußbodenheizung *(hypocaustum)* und ihrer Funktion.

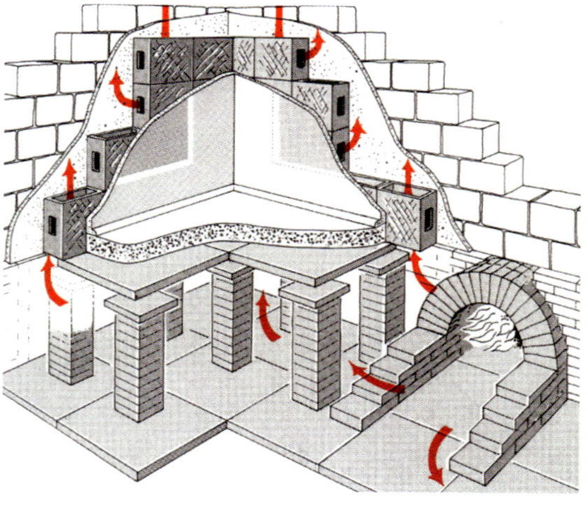

Eine Fußbodenheizung bestand damals aus einer gemauerten Heizstelle ***(praefurnium)***, einem anschließenden Hohlraum ***(hypocaustum)*** mit einer Vielzahl von kleinen Pfeilern oder Säulen aus quadratischen bzw. runden Ziegelplatten, die in regelmäßigen Abständen gesetzt waren und den darüber liegenden Fußboden ***(suspensura)*** trugen, und einem in die Wände verlegten „Kaminsystem" aus Hohlziegeln ***(tubuli)***.

Die heißen Gase des brennenden Feuers gelangten vom Praefurnium, das stets in einem gesonderten Raum außerhalb des Gebäudes lag, über den Feuerungskanal direkt in das Hypocaustum. Dort verteilten sie sich, erwärmten von unten den Fußboden und zogen dann durch die hohlen Wandziegel nach oben ab ins Freie. Auf diese Weise strahlten auch die Wände noch Wärme ab. Die römische Fußbodenheizung war so konstruiert, dass weder Rauch noch Geruch in die Räume gelangen konnten.

Die Hohlziegel *(tubuli)* der Wandheizung im später mit einer Badewanne versehenen Warmbad *(tepidarium)* der Zülpicher Thermen, Anfang 3. Jahrhundert n. Chr.

Blick von Nordosten auf den Heizkanal der Heizstelle *(praefurnium)*, durch den das Anfang des 3. Jahrhunderts n. Chr. angebaute Warmbad *(tepidarium)* der Zülpicher Thermen erwärmt wurde. In Zülpich konnten insgesamt fünf Heizstellen nachgewiesen werden.

„Dem Pächter soll nicht gestattet sein, Holz zu verkaufen, außer den Abfall von Zweigen, der zum Heizen ungeeignet ist ... Holz soll er jederzeit so viel auf Vorrat halten, als für 30 Tage ausreichend ist.“

(Aus den Pachtbedingungen einer Badeanlage in Vipasca/Portugal, 2. Jahrhundert n. Chr.)

Verfeuert

Um die Thermenanlagen zu beheizen, wurden Unmengen von Holz, seltener Holzkohle und – wo sie verfügbar war – auch Steinkohle verfeuert. Dies führte in manchen Gegenden zu großen Waldverlusten.

Zu jedem Badegebäude gehörten gewöhnlich mehrere Heizstellen ***(praefurnia)***; die Heizer bedienten sie von außen. Mit dem Anheizen musste früh am Morgen begonnen werden; tagsüber wurde ständig nachgelegt. Die anfallende Asche wurde immer wieder herausgekehrt und abtransportiert. Das notwendige Brennmaterial war auf dem „Wirtschaftshof“ gestapelt, zu dem die Badegäste keinen Zutritt hatten.

Heizer beim Befeuern der rekonstruierten Heizstelle ***(praefurnium)*** der sog. Herbergsthermen im Archäologischen Park Xanten.

In Zülpich war das nicht viel anders ...

Die Zülpicher Thermenanlage war sicherlich einer der auffälligsten Bauten des antiken *Tolbiacum*. Das Gesamtensemble wird von Anfang an das Bild der Siedlung entscheidend mitgeprägt haben.

Nicht nur der „Kernbau" und die späteren Anbauten bzw. Erweiterungen wurden in solider Bauweise errichtet; auch der hohe Sockel der spätantiken Halle *(basilica thermarum)* bestand aus sorgfältig zugerichteten Handquadern aus Sandstein und Grauwacke. Dabei wurde reichlich Mörtel verwendet. Diverse Architekturteile waren aus Sandstein oder Tuff gearbeitet. Das Material stammte aus der nahen Eifel. Außen wie innen war die Thermenanlage verputzt, gestrichen und zumindest in einigen Bereichen mit Fugenstrich versehen. Sie hatte ein Ziegeldach. Insgesamt verfügten die Zülpicher Thermen zumindest seit Anfang des 3. Jahrhunderts über eine durchaus qualitätvolle Zierarchitektur, wie Säulen-, Kapitell- oder Gesimsfragmente belegen.

Als der römische Architekt Vitruv – möglicherweise war sein voller Name L. Vitruvius Mamura – Ende des 1. Jahrhunderts v. Chr. die Schrift „De architectura" verfasste, äußerte er sich darin auch zur Platzwahl einer Thermenanlage und empfahl: „Zunächst muss ein möglichst warmer Platz ausgewählt werden, d. h., er darf nicht nach Norden oder Nordosten ausgerichtet sein.

Modell der Zülpicher Thermen. Es zeigt die 3. Bauperiode Ende 3./Anfang 4. Jahrhundert n. Chr.

Um der großen „Mehrzweckhalle" *(basilica thermarum)* Platz zu machen, waren damals der südöstliche Säulengang *(porticus)* und der Umkleideraum *(apodyterium)* vor dem Kaltbad *(frigidarium)* abgerissen worden.

Das mit Akanthusblättern und Medaillonkranz verzierte Kapitell ist von hoher Qualität und eines der wenigen verzierten Bauteile, die bei den Ausgrabungen im Bereich der Zülpicher Thermen gefunden wurden. Sandstein, Anfang 3. Jahrhundert n. Chr.

Relieffragment mit den Beinen einer nackten Gottheit (?), Sandstein, 3. Jahrhundert n. Chr., gefunden im Bereich der Zülpicher Thermen.

Die Heiß- und die Warmbäder sollen ihr Licht von Südwesten her erhalten. Wenn aber die Beschaffenheit des Ortes dies nicht zulässt, jedenfalls von Süden, weil die Badezeit vornehmlich von Mittag bis Abend festgesetzt ist."

Beim Bau der Zülpicher Thermen jedoch wurde seine Empfehlung, das Warm- und das Heißbad ***(tepidarium*** bzw. ***caldarium)*** nach Süden auszurichten, um die Sonneneinstrahlung und das Tageslicht bestmöglich auszunutzen, aus unbekannten Gründen nicht aufgegriffen. Stattdessen liegen das Tepidarium und das Caldarium im Nordwesten.

Im Inneren war das Gelände in erster Linie ein Funktionsbau: Alles entsprach den Erfordernissen des Badeablaufs und den Bedürfnissen des Badegastes. Die in der Regel eingewölbten Baderäume waren mit wasserdichten Fußböden und – wo erforderlich – auch mit Wandputzen versehen; die Wannen und Becken erfüllten ihren Zweck; das Doppelglas verhinderte ein Beschlagen der Fenster. Die Anlage verfügte über die entsprechende Wasser-, Heiz- und Sanitärtechnik; dabei waren die dafür erforderlichen Konstruktionen und Installationen – soweit möglich – „versteckt" eingebaut und verlegt worden.

Offenbar hatten auch die Thermen von Zülpich eine reiche Innenausstattung. Archäologische Funde deuten darauf hin, dass sich an den Wänden und Decken mancher Räume vermutlich Malereien mit Pflanzenornamenten und ähnlichen Motiven befanden.
In Nischen und auf Postamenten standen wohl Götterfiguren und Kaiserbildnisse. Hier und da sprudelten möglicherweise Brunnen. Bodenmosaike – wie in anderen Badeanlagen – sind nicht belegt.

Von dem zumeist hölzernen Mobiliar – Bänke, Stühle, Betten, Schränke, Ablagen oder Tische – hat sich nichts erhalten.

Kopffragment einer Statuette, vielleicht des römischen Kaisers Caracalla (211–217 n. Chr.), Bronze mit Spuren von Vergoldung, gefunden im Bereich der Zülpicher Thermen.

Fragmente eines Weihereliefs mit der Darstellung eines Füllhorn tragenden Schutzgottes (Genius) in einer Ädikula, Kalkstein, Anfang 3. Jahrhundert n. Chr., gefunden im Bereich der Zülpicher Thermen.

Reste von farbigem Wandputz, die auf eine sog. Felder(Panneaux)-Malerei schließen lassen, zweite Hälfte 2. Jahrhundert n. Chr., gefunden im Bereich der Zülpicher Thermen.

Die römische Thermenanlage von Zülpich wurde 1929 bei Kanalbauarbeiten auf dem Quirinusplatz zwischen der Pfarrkirche St. Peter und der ehemaligen Propstei entdeckt und in den Jahren 1931 bis 1936 von dem Volksschullehrer und Heimatforscher Paul Hubert Pesch mit Unterstützung des seinerzeitigen Rheinischen Provinzialmuseums (Franz Oelmann, Peter Wieland) in Bonn systematisch ausgegraben.
Der Befund konnte damals unter der Platzfläche erhalten und der Öffentlichkeit zugänglich gemacht werden. Nachgrabungen in den Jahren 1978/1979 (Ursula Heimberg, Michael Gechter vom Rheinischen Landesmuseum Bonn/Amt für Bodendenkmalpflege, Bonn) und 2001/2002 (Zsolt Tóth, Zsolt Visy von der Universität Pécs/Ungarn) komplettierten das Bild der antiken Anlage und ihrer Geschichte.

Nach den Ergebnissen der archäologischen Untersuchungen wurden die Thermen um die Mitte des 2. Jahrhunderts n. Chr. oder kurz danach als sog. Reihentyp errichtet und Anfang des 3. Jahrhunderts beträchtlich erweitert. Weitere Wannen und Baderäume kamen seinerzeit hinzu. Jetzt war – wie in einer Badeanlage des sog. Ringtyps auch – ein richtiger Baderundgang möglich. Offensichtlich florierte damals das antike Zülpich; es bestand ein erhöhter Badebedarf.

Ende des 3./Anfang des 4. Jahrhunderts erhielt die Anlage noch eine geräumige „Mehrzweckhalle" ***(basilica thermarum);*** dafür mussten der Umkleideraum und der südöstliche der beiden Säulengänge an der Palaestra abgerissen werden.

Bei den Ausgrabungen in den Jahren 1931 bis 1936 wurden die Zülpicher Thermen fast vollständig freigelegt. Blick von Südwesten auf das Heißbad *(caldarium)* im „Kernbau".

Nach der Mitte des 4. Jahrhunderts diente der gesamte Thermenkomplex wohl nur noch Wohn- und Lagerzwecken. Nach Ausweis vor allem der Keramikfunde war er zumindest in Teilbereichen bis weit ins 5. Jahrhundert n. Chr. hinein und über die Römerzeit hinaus noch bewohnt.

Alles in allem zählen die Thermen von Zülpich – trotz ihrer spätantiken Umnutzung – zu den besterhaltenen römischen Badeanlagen nördlich der Alpen; sie bilden heute den Kern des „Museums der Badekultur".

Die Ausgrabungen in den Jahren 1978/1979 galten im Wesentlichen dem Bereich der Thermenhalle *(basilica thermarum)* und der Ostecke der Thermenanlage. Blick von Westen auf die südöstlichen Hallenfundamente und die „Spülrinne" der unmittelbar angrenzenden Toiletten.

Im Vorfeld des Museumsneubaus wurde nochmals großflächig gegraben. Dabei kamen u. a. die Reste der nordwestlichen bzw. südöstlichen Außenmauern der Thermenhalle zutage; sie sind auf dem Grabungsfoto von 2001/2002 (Blick von Osten) mit dem eingehausten Befund der Grabungen von 1931 bis 1936 links bzw. rechts zu erkennen und auch im neuen Museum noch sichtbar.

Eine Badeanlage im Wandel

Die Badeanlage von Zülpich erfuhr im Laufe der Zeit wiederholt bauliche Veränderungen, um den jeweiligen Ansprüchen zu genügen. Es kam zu Ein-, Um- und Anbauten, zu Reparaturen und Abrissen. Am Ende erfüllte das Gebäude offenbar nur noch die Funktion einer „Herberge".

Die mehr als 200-jährige Baugeschichte der Zülpicher Thermen umfasst nach den Ergebnissen der archäologischen Untersuchungen vier Bauperioden.

■ Periode I
(Mitte 2. bis Anfang 3. Jahrhundert n. Chr.):

Die Thermenanlage, d. h. der „Kernbau", wurde um oder kurz nach der Mitte des 2. Jahrhunderts errichtet; es handelte sich um einen klar gegliederten, axial ausgerichteten und mit Ziegeln gedeckten Steinbau.

Die drei Baderäume – das Kaltbad, das Warmbad und das Heißbad – waren von Südosten nach Nordwesten hintereinander angeordnet und durch Türen miteinander verbunden (sog. Reihentyp). Die Heizstelle mit dem „Wassererhitzer" befand sich im Nordwesten. Kaltbad und Heißbad verfügten jeweils über eine Kalt- bzw. Heißwasserwanne. Der Umkleideraum lag vor dem Kaltbad.

An die Raumgruppe des „Kernbaus" schloss nach Nordosten ein zu den Straßen hin von Mauern abgegrenzter Gymnastikhof mit Säulengängen an der süd- bzw. nordöstlichen Seite an.

Das Abwasser aus den Baderäumen und -wannen wurde vermutlich über einen – archäologisch bislang noch nicht nachgewiesenen – Kanal (aus Holz?) entsorgt, der im Süd- bzw. Nordwesten dicht an dem Gebäude und der Hofmauer entlangführte. Falls die Toiletten der Thermenanlage auch damals schon an der Ostecke gelegen haben sollten, wären sie von diesem Kanal mit Wasser durchspült worden.

Der Haupteingang der Thermenanlage kann im Nordosten vermutet werden.

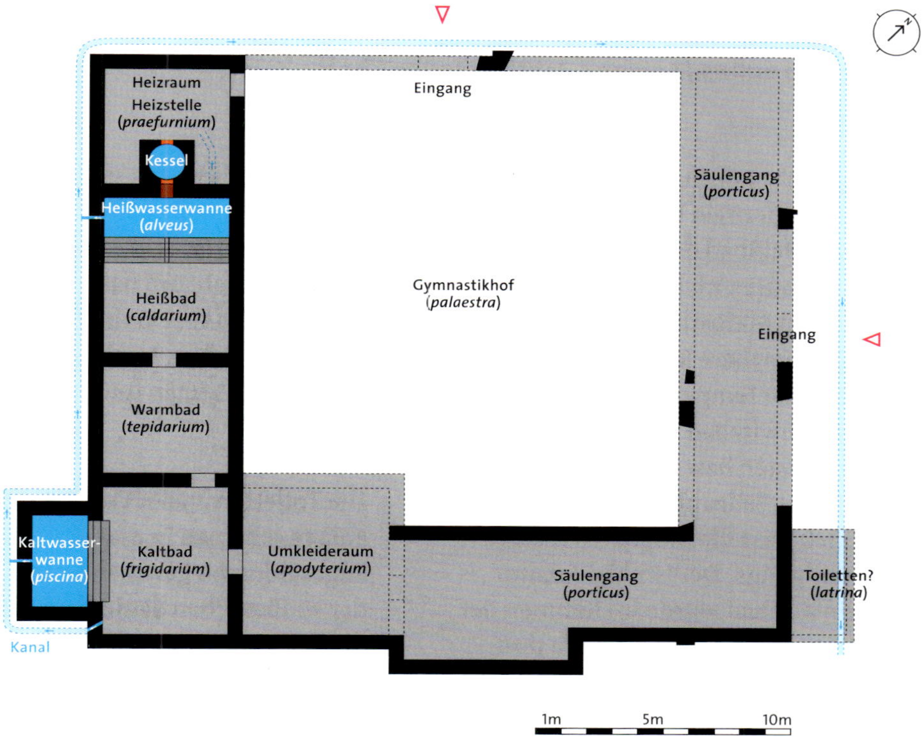

Grundriss (nach M. Dodt, 2008) und virtuelle Rekonstruktion der Zülpicher Badeanlage (Bauperiode I).

■ Periode II
(Anfang bis Ende 3./Anfang 4. Jahrhundert n. Chr.):

Anfang des 3. Jahrhunderts wurden die Zülpicher Thermen beträchtlich erweitert. Kalt- und Heißbad des „Kernbaus" erhielten durch Anbauten nicht nur zusätzliche Wannen; im Südosten kamen auch zwei weitere beheizbare Räume – ein offenbar nur mäßig zu temperierendes Warmbad und ein Schwitzbad – mit ihren Heizstellen im Nordwesten bzw. Nordosten hinzu. Wie in einer Badeanlage des sog. Ringtyps ergab sich jetzt die Möglichkeit eines Baderundgangs. Der Umkleideraum vor dem Kaltbad wurde im Rahmen der Baumaßnahmen verkleinert, da nun auch das neue Warmbad – wohl eher ein multifunktionaler Raum – zum Aus- und Ankleiden dienen konnte. Das Warmbad des „Kernbaus" erhielt damals eine eigene Heizstelle.

Die Wannenanbauten erforderten auch den Bau eines neuen Kanals aus Gussbeton; er führte – wie bereits sein (hölzerner?) Vorgänger – im Süd- und Nordwesten dicht an den Gebäudekanten vorbei, bog dann an der Nordecke der Thermenanlage nach Süden ab, um nach etwa 20 m in den Nordwest-Südost verlaufenden Straßenkanal einzuschwenken. Nach wie vor entwässerten in ihn alle Wannen und Räume des „Kernbaus".

Die Toiletten an der Ostecke der Thermenanlage scheinen in dieser Zeit an einen Kanal angeschlossen gewesen zu sein, der hinter der südöstlichen Säulenhalle verlief; das für die Toilettenreinigung benötigte Wasser wurde vermutlich in einem offenen Becken in Höhe des Umkleideraums vorgehalten.

Der Gymnastikhof – in einem Teilbereich nunmehr auch Wirtschaftshof – verlor an Freifläche, sonst blieb er unverändert; vielleicht wurden aber die beiden Säulengänge erneuert.

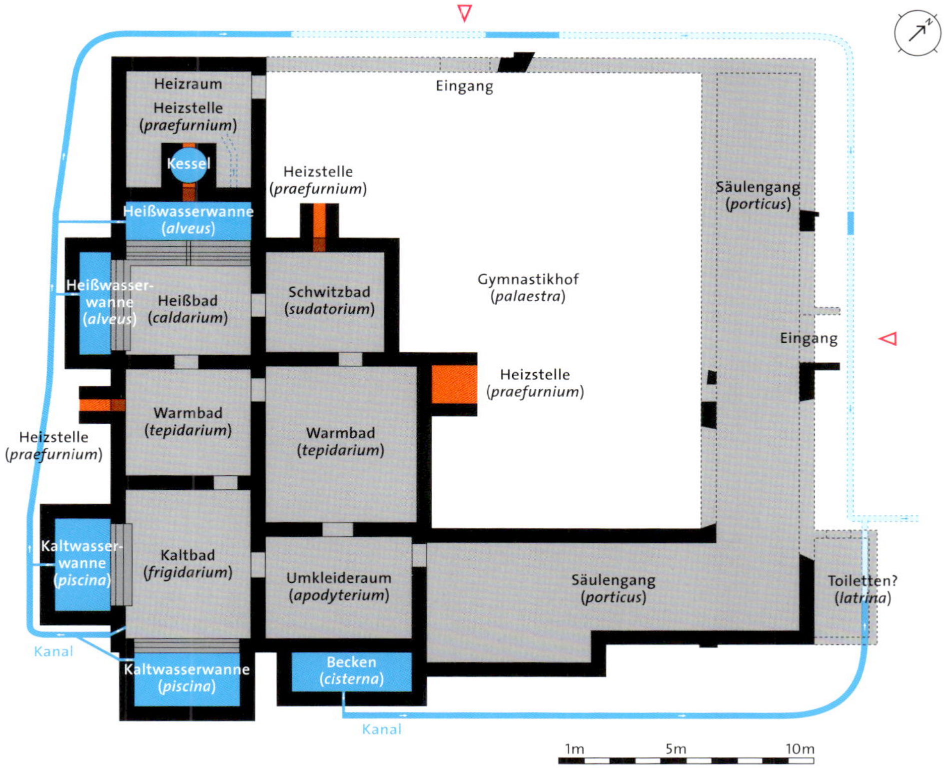

Grundriss (nach M. Dodt, 2008) und virtuelle Rekonstruktion der Zülpicher Badeanlage (Bauperiode II).

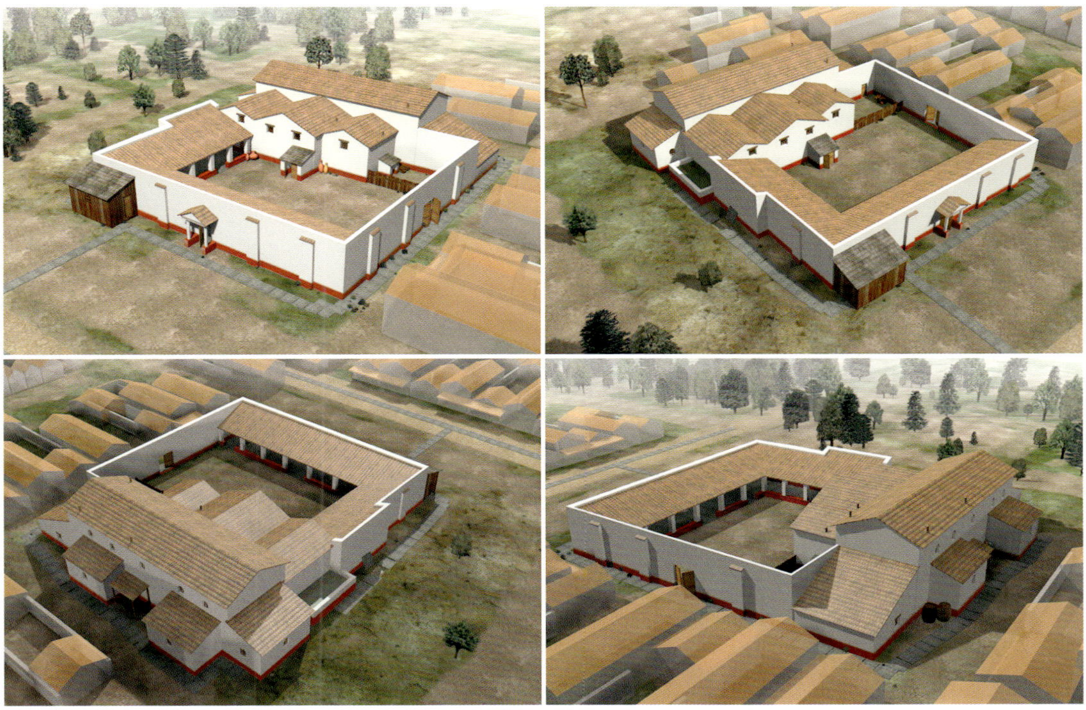

■ Periode III
(Ende 3./Anfang bis Mitte 4. Jahrhundert n. Chr.):

Spätestens in der Zeit des Kaisers Konstantin erhielt die Thermenanlage eine große „Mehrzweckhalle“. Dazu wurden der südöstliche Säulengang des Gymnastikhofes und der angrenzende Umkleideraum abgerissen. Durch die Teilung des in Periode II errichteten Warmbades entstanden zwei längliche Räume; in den hinteren der beiden wurde eine ovale Wanne eingebaut. Der Fußboden war nun höher gelegt, wodurch die alte Heizstelle nicht mehr funktionierte und aufgegeben werden musste. Die neue Heizstelle wurde vom nordwestlich anschließenden ehemaligen Schwitzbad aus bedient. Ansonsten bekamen auch die beiden Wasserwannen im Heißraum des „Kernbaus“ ovale Einbauten.

Man gelangte damals direkt von der Halle, die jetzt u. a. die Funktion des abgerissenen Umkleideraums zu erfüllen hatte, in das Kaltbad und von dort durch das geteilte Warmbad in die übrigen Thermenräume, die offensichtlich noch voll in Funktion waren. Der ursprüngliche Zugang zum Warmbad des „Kernbaus“ war zugesetzt worden.

Der „Ringkanal“ war nach wie vor in Betrieb, auch wenn das Kaltbad nun in eine offene Steinrinne entwässerte, die im Südosten um den Wannenanbau herum und entlang der Hallenmauer durch die Toiletten an der Ostecke der Thermenanlage führte und zugleich auch als Traufrinne diente. Zudem durchquerte nun ein weiterer Abwasserkanal den Gymnastikhof; in ihn wurde auch die Wanne des hinteren Warmbades entleert.

Welche Bedeutung die beiden südlich des Badegebäudes ergrabenen Brunnen, die in die Zeit zwischen 320 und 336 n. Chr. gehören, für die Wasserversorgung der Thermenanlage haben, ist noch ungeklärt (s. Exkurs S. 73).

Kanal im Gymnastikhof *(palaestra)* der Zülpicher Thermen während der Ausgrabungen in den Jahren 2001/2002. Er war aus Rollsteinen gesetzt und mit Ziegelplatten abgedeckt. In diesen Kanal entwässerte u. a. die Badewanne aus dem verkleinerten Warmbad *(tepidarium)*. Ende 3./Anfang 4. Jahrhundert n. Chr.

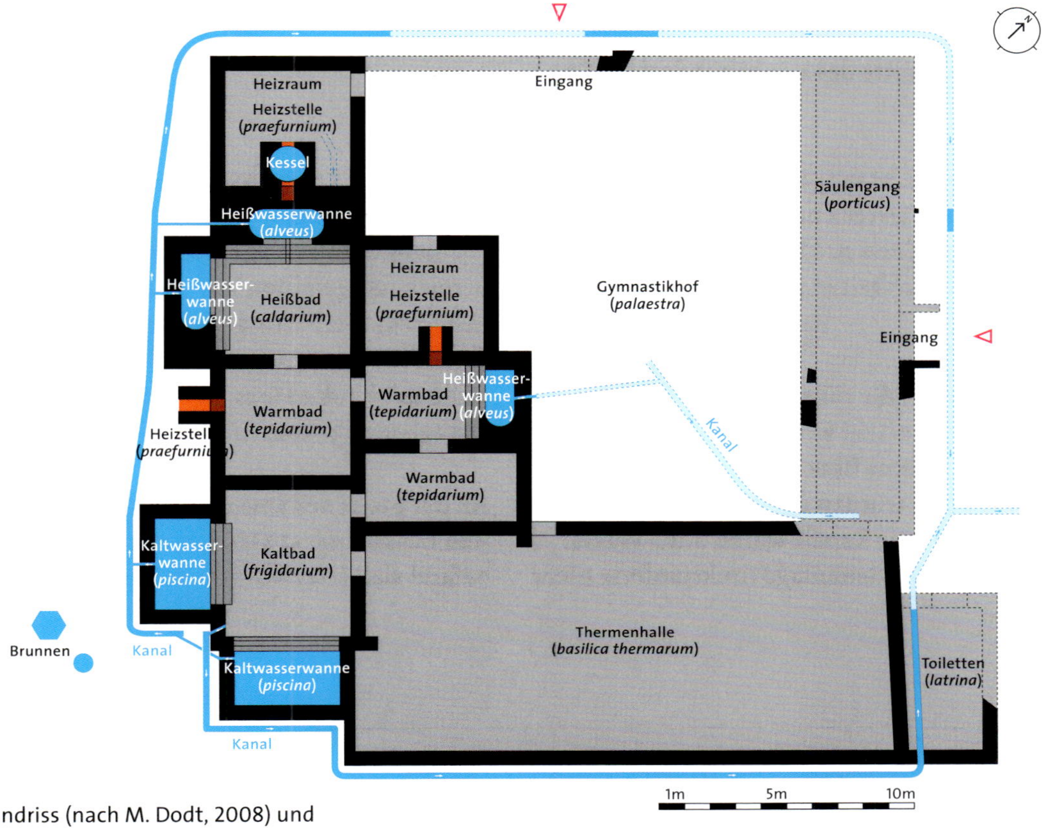

Grundriss (nach M. Dodt, 2008) und virtuelle Rekonstruktion der Zülpicher Badeanlage (Bauperiode III).

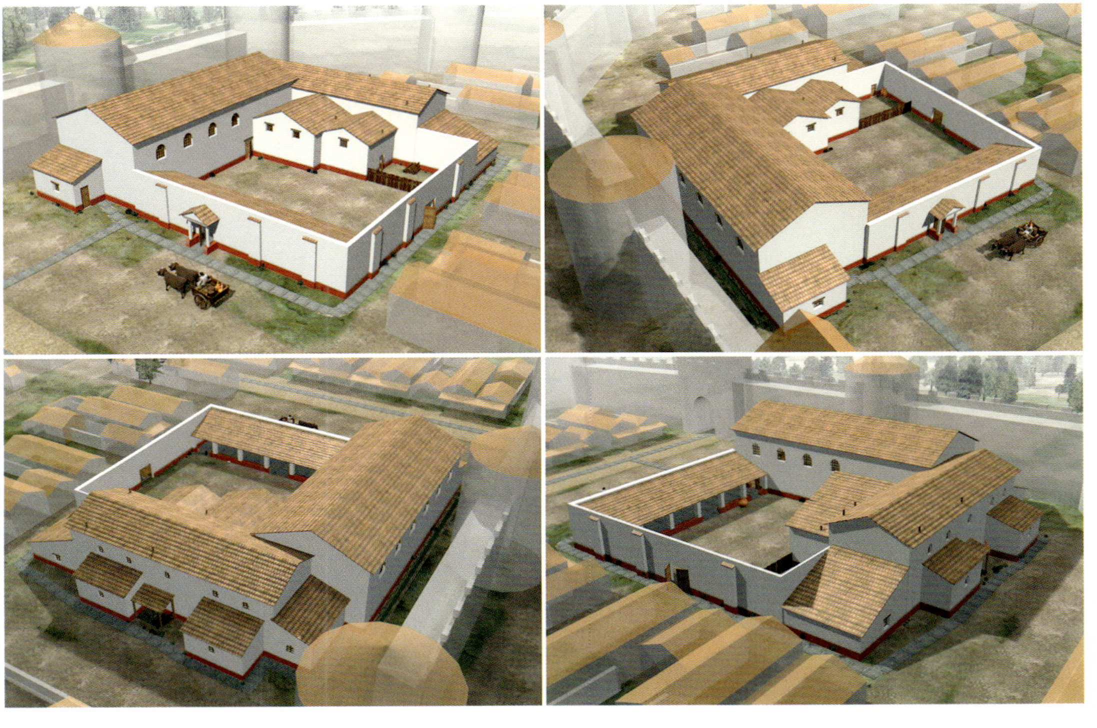

■ Periode IV
(nach der Mitte des 4. Jahrhunderts n. Chr.):

Es ist davon auszugehen, dass der Badebetrieb spätestens nach der Mitte des 4. Jahrhunderts n. Chr. aufgegeben und die Räumlichkeiten anderweitig genutzt wurden.

Die große Halle scheint damals in kleinere Räume unterteilt worden zu sein, von denen einzelne über Herdstellen verfügten. Im Kaltbad wurden die Wannennischen zugesetzt. Die Kanäle waren ohne Wasser und die Toilettenanlage funktionierte nicht mehr. Das Heizungssystem verfiel, wobei aber nicht auszuschließen ist, dass die ehemalige Badeanlage partiell – etwa im Bereich des geteilten Warmbades – weiterhin beheizbar blieb. Funde deuten jedenfalls darauf hin. Das hätte das Wohnen in einem „Altbau“ für die Menschen angenehmer und erträglicher gemacht.

An der Stelle des einstigen, von Säulenhalle und Mauer begrenzten Gymnastikhofes befand sich jetzt wohl ein offener Platz.

Spätantike Feuerstelle aus Ziegelplatten im Bereich der Thermenhalle der Zülpicher Badeanlage, die bei den Ausgrabungen 1978 freigelegt werden konnte.

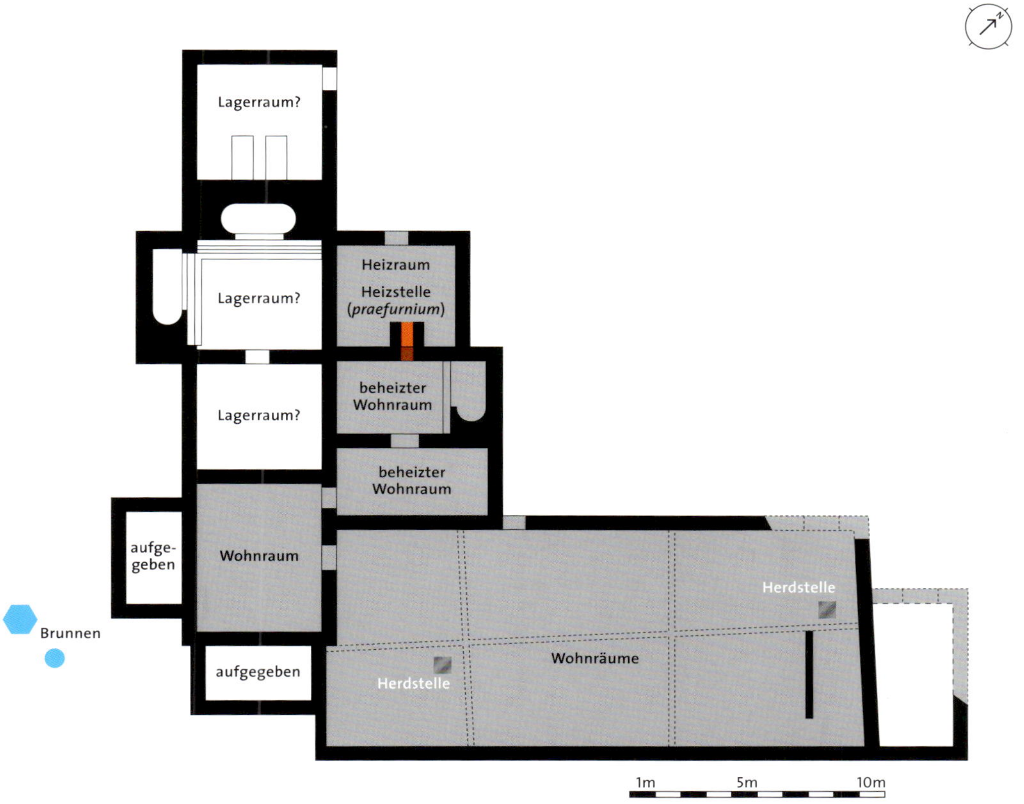

Grundriss (nach M. Gechter und M. Dodt, 2007/2008) und virtuelle Rekonstruktion der Zülpicher Badeanlage (Bauperiode IV).

Modell eines römischen Guthofes (*villa rustica*) mit Herrenhaus, Scheunen, Stallungen, Remisen und Schuppen, Brunnen, Teich, Obst- und Gemüsegarten. Vorlage war eine *villa rustica* (HA 56) im Hambacher Forst, die vom 2. bis ins 4. Jahrhundert n. Chr. bewirtschaftet wurde.

Privater Badeluxus
Auf dem Lande baden wie in der Stadt

Die im Hinterland der Provinz Niedergermanien *(Germania inferior)* – und damit auch im Umland des römischen Vicus von Zülpich – häufigste Siedlungsform war der Gutshof *(villa rustica)*. In der rheinischen Lössbörde lagen diese landwirtschaftlichen Betriebe oft kaum einen Kilometer voneinander entfernt. Sie garantierten die Versorgung der Zivilbevölkerung in den Städten und des Militärs in den Lagern entlang der Rheingrenze mit Nahrungsmitteln.

Viele der Gutsbesitzer oder Pächter waren im Laufe der Zeit zu Wohlstand und Ansehen gelangt. Sie bauten ihre Wohnhäuser aus und brauchten auch auf dem Lande nicht auf städtischen Luxus und Komfort zu verzichten. Deshalb verfügten zahlreiche Gutshöfe auch über mehr oder weniger große und bisweilen reich ausgestattete Badeanlagen.

Das Umland von Zülpich mit den bislang bekannten römischen Siedlungsstellen. Bei den meisten handelt es sich wohl um ehemalige Gutshöfe *(villae rusticae)*.

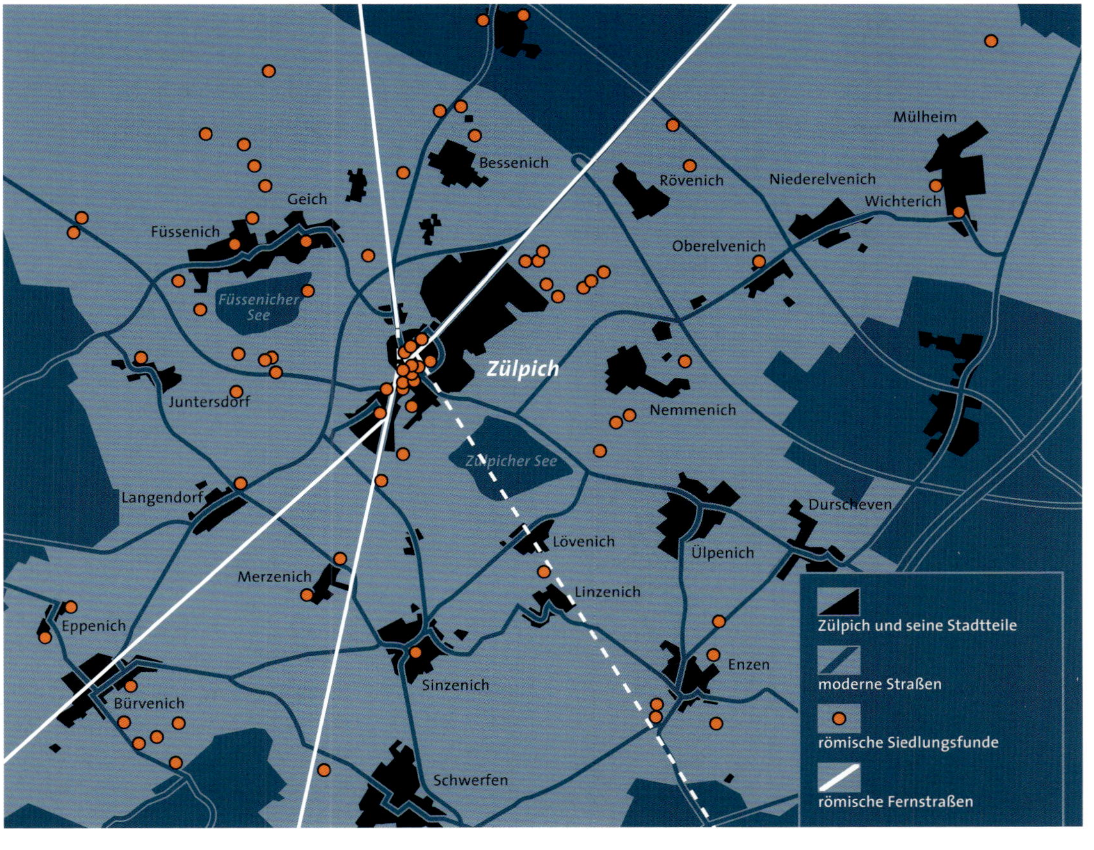

Ein bisschen anders waren sie schon

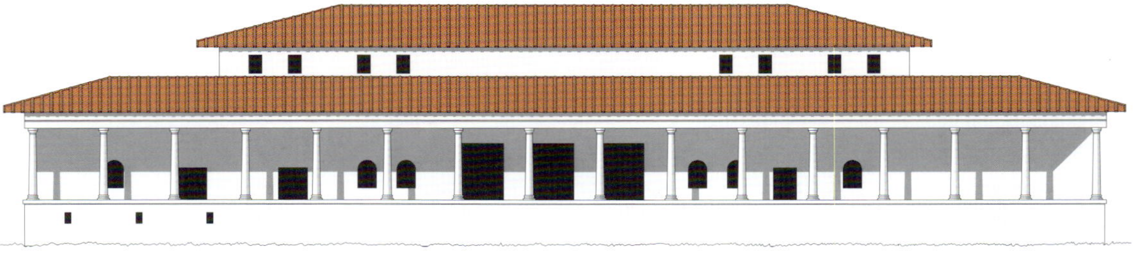

Die privaten Badeanlagen im ländlichen Raum spiegelten nur bedingt die traditionelle römische Bäderarchitektur wider. Zwar verfügten sie im Grunde über die gleichen technischen Finessen wie die öffentlichen Thermen in der Stadt, waren beheizt und besaßen bisweilen auch etliche Kalt- und Heißwasserwannen; ihnen fehlten hin und wieder jedoch einer oder gleich mehrere der „kanonischen" Funktionsbereiche, wie etwa ein gesonderter Umkleideraum ***(apodyterium)*** oder auch das Warmbad ***(tepidarium)***. Von einem separaten Gymnastikhof ***(palaestra)*** ganz zu schweigen. Zudem waren die einzelnen Räume einander so zugeordnet, wie es die bauliche Situation zugelassen oder den Vorstellungen des Bauherrn bzw. Benutzers entsprochen hatte. Ein festes Schema gab es nicht. Mal war das Bad eines Gutshofes ***(villa rustica)*** in das Wohngebäude integriert, mal angebaut, mal ein frei stehender Baukörper.

Das benötigte Badewasser wurde zumeist aus Brunnen geschöpft. Gelegentlich scheute man – wie etwa der Besitzer eines großen Gutshofes bei Alt-Inden – aber auch weder Kosten noch Mühen, um es über ein aufwendiges Leitungs- und Kanalsystem aus einem nahe gelegenen Quellgebiet heranzuführen.

Ansonsten ist davon auszugehen, dass die privaten Badeanlagen immer nur nach Bedarf „angefahren" wurden; sie waren sicherlich nicht ständig in Betrieb.

Blick auf die Reste des römischen Gutshofs von Blankenheim mit den Baderäumen im Vordergrund. Rechts hat sich noch ein Stück des beheizbaren Fußbodens mit den Hypokaustpfeilern darunter erhalten. Grabungsfoto von 1894.

Auch wenn in den letzten Jahren vornehmlich im rheinischen Braunkohlenrevier immer wieder ausgedehnte Gutshofkomplexe archäologisch ausgegraben, untersucht und dokumentiert werden konnten, zählt die römische *villa rustica* von Blankenheim zu den größten bislang bekannten ihrer Art im Rheinland.

Von dem bereits 1894 freigelegten ehemals luxuriösen Wohnhaus sind noch beachtliche Reste erhalten. Nach einem Neubau befand sich dort das Bad seit der zweiten Hälfte des 2. Jahrhunderts n. Chr. im Nordflügel des Gebäudes, das bis in das 4. Jahrhundert hinein bestand. Die Rekonstruktionen zeigen die südliche, talseitige Front des Wohnhauses mit dem mehr als 50 m langen Säulengang *(porticus)* und das Bad.

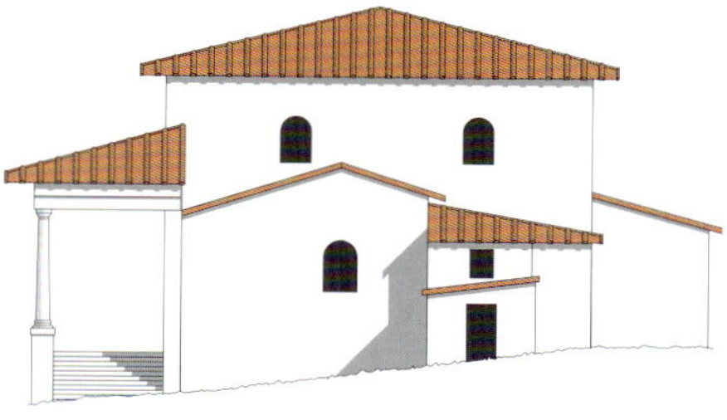

Wasser muss her – koste es, was es wolle!

In den Jahren 2000 bis 2004 wurde im Vorfeld des Braunkohlentagebaus Inden in der Ortslage Alt-Inden/Kreis Düren ein ehemals prunkvoll ausgestatteter Gutshof *(villa rustica)* des 1. bis 4. Jahrhunderts n. Chr. ausgegraben, der u. a. über eine geräumige Badeanlage verfügte. Sie wurde über eine mehr als 500 m lange, größtenteils unterirdisch verlaufende Leitung mit frischem Wasser versorgt, wozu man insgesamt fünf Quellen angezapft hatte.

Die Leitung bestand in ihrem ersten Streckenabschnitt aus ineinandergesteckten Tonrohren und lag auf der Sohle eines etwa mannshohen Tunnels, der mit großem Aufwand durch den anstehenden Löss gegraben worden war. Der Tunnelbau war im sog. Qanat-Verfahren erfolgt, das höchste Ingenieurskunst verlangte. Dabei wurden nach dem Abstecken der Strecke in Abständen von ca. 5–17 m brunnenartige Schächte abgeteuft und ihre Sohlen im Vortrieb miteinander verbunden. Tunnel und Leitung hatten ein Gefälle von knapp unter 1 %. Über die Schüttungsmenge der Quellen ist nichts bekannt; sie muss aber ausreichend gewesen sein.

Die Wasserleitung wurde im 2. Jahrhundert n. Chr. gebaut; nachdem die Badeanlage wohl im Zuge der Frankeneinfälle in die römische Provinz Niedergermanien nach er Mitte des 3. Jahrhunderts zerstört worden war, verfiel auch sie.

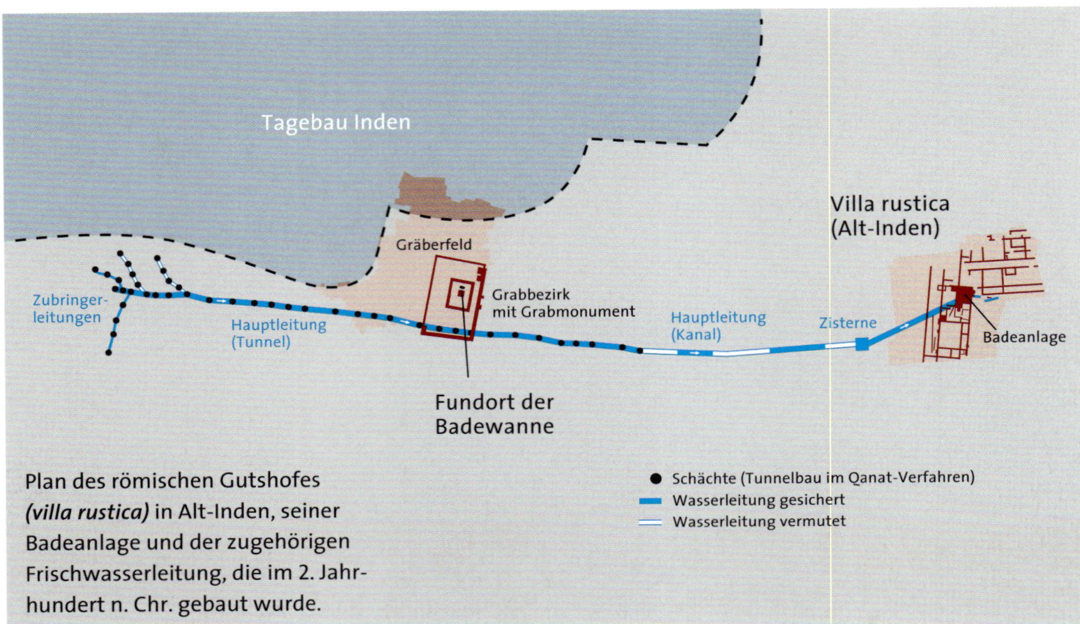

Plan des römischen Gutshofes *(villa rustica)* in Alt-Inden, seiner Badeanlage und der zugehörigen Frischwasserleitung, die im 2. Jahrhundert n. Chr. gebaut wurde.

Alt-Inden/Kreis Düren. Der im Qanat-Verfahren errichtet Tunnel mit der Wasserleitung aus Tonrohren auf seiner mit Schieferplatten ausgelegten Sohle während der Ausgrabungen im Jahre 2003.

Wiederverwendet

Als die Thermen des römischen Gutshofes von Alt-Inden/Kreis Düren nach ihrer Zerstörung im Zuge der Germaneneinfälle in der zweiten Hälfte des 3. Jahrhunderts n. Chr. nicht mehr funktionstüchtig waren, hat man die Badewannen – soweit dies möglich war – offenbar herausgerissen und zumindest teilweise als Sarkophage wiederverwendet.

Eine dieser sauber gearbeiteten und polierten Wannen aus Namurer Blaustein wurde 2004 bei den Ausgrabungen auf dem Friedhof des Gutshofes inmitten eines umfriedeten Grabgartens gefunden. Sie enthielt eine Frauenbestattung aus dem Ende des 3. Jahrhunderts n. Chr., die jedoch bereits antik beraubt worden war. Die Grabschänder hatten den grob angepassten und aufliegenden Deckel aus Granit, der mit Eisenklammern befestigt worden war, durchschlagen, um an die ehemals vermutlich reichen Beigaben zu gelangen. Die Archäologen fanden nur noch die Reste zweier Glaskannen, ein Tongefäß, eine silberne Gewandspange (Fibel) und eine Bronzemünze.

Die Ende des 3. Jahrhunderts n. Chr. als Aschenkiste wiederverwendete Blausteinwanne aus der Badeanlage der *villa rustica* bei Alt-Inden während der Ausgrabung im Jahre 2004.

Der Rest der Grabbeigaben, den die antiken Raubgräber und Grabplünderer in der Aschenkiste von Alt-Inden zurückgelassen haben, Ende 3. Jahrhundert n. Chr.

Die Grabbeigaben aus dem Mädchengrab von Zülpich-Enzen: Keramik, Gläser, Besteck, Toilettengerät, Parfüm, Schminke, Schmuck, Waage und Spielsteine, zweites Drittel 4. Jahrhundert n. Chr.

Der Sarkophag von Zülpich-Enzen nach der Bergung, Sandstein, zweites Drittel 4. Jahrhundert n. Chr.

Nach römischen Vorstellungen hatten die Toten im Jenseits die gleichen Bedürfnisse wie im Leben. Deshalb wurden ihnen oft Speisen und Getränke, Ess- und Trinkgeschirr, Toilettengerät, mit Schminke und Parfüm gefüllte Behälter, Schmuck und Spielgeräte mit ins Grab gegeben. Je wohlhabender der oder die Verstorbene, desto reicher die Grabbeigaben.

Im Jahre 1977 wurde in Zülpich-Enzen in unmittelbarer Nähe eines römischen Gutshofes *(villa rustica)* ein mächtiger Sarkophag aus Sandstein ausgegraben, in dem eine junge Frau bestattet worden war. Vielleicht hieß sie Nonnula; dieser Name steht auf einem kleinen Silberlöffel, der zu ihren Beigaben gehörte. Ihre Haare waren ehemals wohl sorgfältig frisiert und hochgesteckt; dies lässt eine Vielzahl von Haarnadeln aus Gagat und Bein vermuten. Sie trug kostbaren Schmuck aus Gold, Silber und Gagat. Ihr waren auch Parfüm und Schminke mit ins Jenseits gegeben worden. Bei dem Ess- und Trinkgeschirr ragen besonders zwei gläserne Trinkbecher (sog. Skyphoi) heraus; einer davon trägt die griechische Aufschrift ΣΗϹΑΙϹ ΚΑΛΩϹ (= Lebe gut!). Spielsteine sollten der Verstorbenen im Totenreich die Zeit vertreiben helfen.

Die ungewöhnlich reich ausgestattete Bestattung zeugt vom Wohlstand und Luxus auf dem Lande im zweiten Drittel des 4. Jahrhunderts n. Chr. Sie dokumentiert eine gesellschaftliche Schicht, die sich auf ihren Gutshöfen auch aufwendige Badeanlagen leisten konnte.

Doppelhenklige Glasbecher aus dem Mädchengrab von Zülpich-Enzen, einer davon mit einer Aufschrift in griechischen Buchstaben, zweites Drittel 4. Jahrhundert n. Chr.

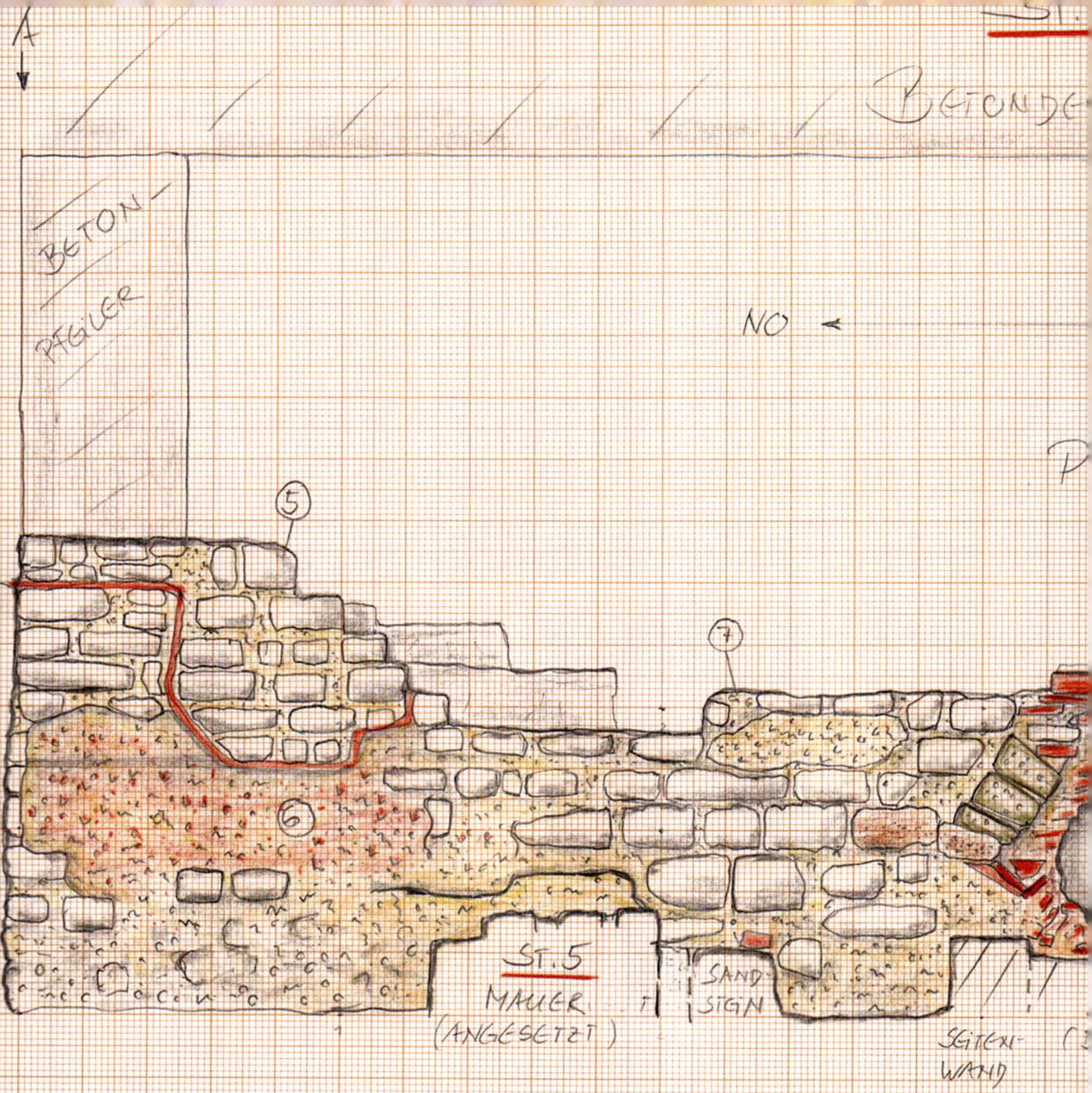

BESCHREIBUNG:

5) MAUERWERK AUS LAGEN VON BEARBEITETEN GRAUWA
IM FUNDAMENTBEREICH MÖRTELGUSS MIT VEREINZELTEN B

6) WANDPUTZ → WASSERPUTZ MIT ZIEGELBEISCHLAG

7) MÖRTEL → HELLER GELBSANDIGER MÖRTEL (KALK) MIT W

8) PRAEFURNIUM → WANDÖFFNUNG FÜR EHEM. HEIZKA
TUFFSTEINE, SANDSTEIN → VERZIEGELTE SEITENWÄN

9) TRENNMARKIERUNG FÜR REKONSTRUIERTES MAUERW

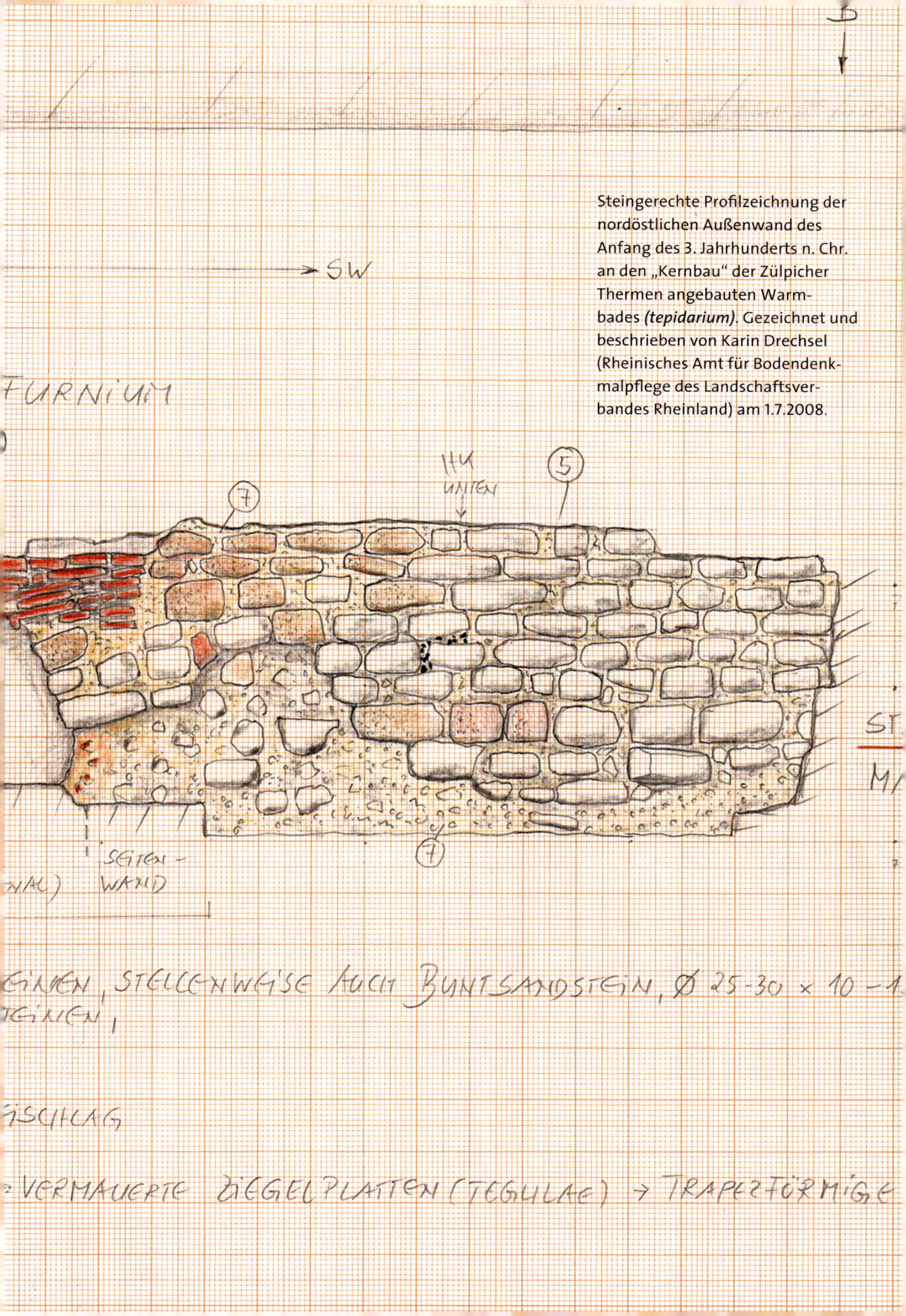

Steingerechte Profilzeichnung der nordöstlichen Außenwand des Anfang des 3. Jahrhunderts n. Chr. an den „Kernbau" der Zülpicher Thermen angebauten Warmbades ***(tepidarium)***. Gezeichnet und beschrieben von Karin Drechsel (Rheinisches Amt für Bodendenkmalpflege des Landschaftsverbandes Rheinland) am 1.7.2008.

Info-Punkt 1: Thermenhalle *(basilica thermarum)*
Info-Punkt 2: Kaltbad *(frigidarium)*
Info-Punkt 3: Warmbad *(tepidarium)*
Info-Punkt 4: Heizstelle *(praefurnium)*
Info-Punkt 5: Gymnastikhof *(palaestra)*
Info-Punkt 6: Außenputz
Info-Punkt 7: Warmbad *(tepidarium)*
Info-Punkt 8: Schwitzbad *(sudatorium)* und Heizstelle *(praefurnium)*
Info-Punkt 9: Heißbad *(caldarium)*
Info-Punkt 10: Heißwasserwanne *(alveus)* und Heizstelle *(praefurnium)*
Info-Punkt 11: Abwasserkanal
Info-Punkt 12: Heißwasserwanne *(alveus)*
Info-Punkt 13: Heizstelle *(praefurnium)*
Info-Punkt 14: Kaltwasserwanne *(piscina)*
Info-Punkt 15: Abwasserleitungen
Info-Punkt 16: Abwasser- und Regenrinne
Info-Punkt 17: Kaltwasserwanne *(piscina)*
Info-Punkt 18: Toiletten *(latrina)*

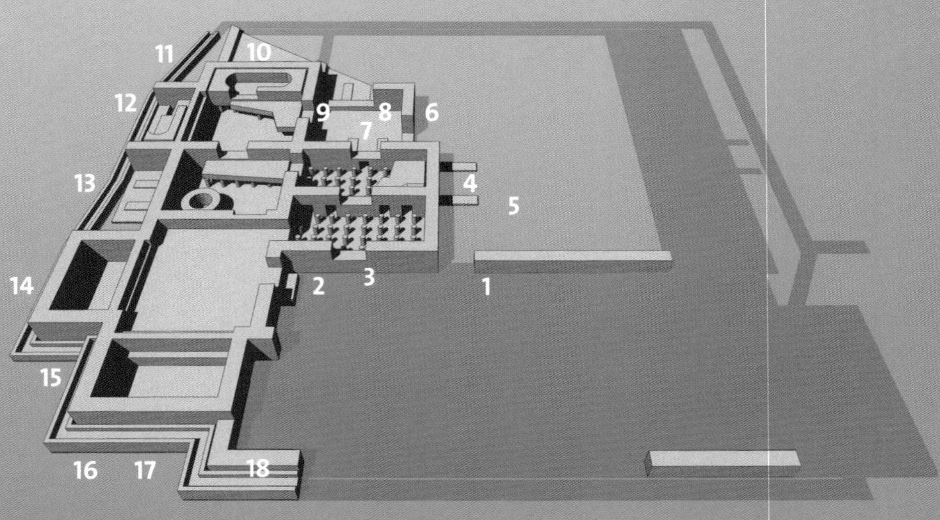

Info-Punkt 1:
Thermenhalle *(basilica thermarum)*

Bei der geräumigen Halle, deren Reste im Zuge der archäologischen Untersuchungen im Bereich der Zülpicher Thermen zutage kamen, handelte es sich um einen wohl eingeschossigen Fachwerkbau auf hohem Steinsockel, der außen wie innen verputzt war und zunächst einen festen Fußbodenbelag aus Kalkmörtel mit Ziegelsplittzuschlag (Terrazzo-Estrich) hatte; später war er offenbar auch einmal mit Holzdielen ausgelegt. Mehr lässt sich über die bauliche Ausstattung nicht sagen.

Die Thermenhalle trug ein ziegelgedecktes Satteldach, ihre Eingänge lagen hofseitig. Errichtet wurde sie Ende des 3./Anfang des 4. Jahrhunderts, nachdem zuvor – um Platz zu schaffen – der Umkleideraum und der südöstliche Säulengang des Gymnastikhofes (vgl. Info-Punkt 5) abgerissen und einplaniert worden waren. Die Halle hatte zahlreiche Funktionen; sie war Umkleideraum, Sporthalle und gesellschaftlicher Treffpunkt zugleich. Die Baderäume betrat man jetzt von der Halle aus (vgl. Info-Punkt 2).

Als der Badebetrieb nach der Mitte des 4. Jahrhunderts offenbar vollständig eingestellt wurde, diente die gesamte Thermenanlage von da an bis weit ins 5. Jahrhundert hinein nur noch Wohn- und Lagerzwecken. In dieser Zeit wurde die Halle in mehrere Räume unterteilt, die teilweise auch über eine Herdstelle verfügten.

Durch die Einbeziehung der Reste der nordwestlichen und der südöstlichen Hallenmauern – dabei handelt es sich um das Fundament und einige Lagen des aufgehenden Mauerwerks – in die heutige Architektur vermittelt die jetzige Ausstellungshalle in etwa die Raumdimensionen ihres spätantiken Vorgängerbaus.

Rekonstruktion der Ende 3./Anfang 4. Jahrhundert n. Chr. errichteten Thermenhalle. Blick von Norden. Ausschnitt aus dem Modell der Gesamtanlage (Bauperiode III).

Info-Punkt 2:
Kaltbad *(frigidarium)*

Das Kaltbad gehört zum ältesten Teil („Kernbau") der Thermenanlage, der um die Mitte des 2. Jahrhunderts oder kurz danach errichtet wurde. Es verfügte anfangs lediglich über die nischenartige Kaltwasserwanne an der Längsseite direkt dem Eingang gegenüber (vgl. Info-Punkt 14). Die zweite Wanne seitlich links kam erst Anfang des 3. Jahrhunderts durch Anbau hinzu (vgl. Info-Punkt 17). Spätestens nach der Mitte des 4. Jahrhunderts wurde der Raum wie die gesamte Thermenanlage nur noch zu Wohn- und Lagerzwecken genutzt. Spuren auf und an den Wannenbrüstungen belegen, dass damals die Öffnungen zu den beiden Wannen hin verschlossen worden waren.

Man betrat das Kaltbad ursprünglich vom Umkleideraum, später – nach dessen Abriss Ende 3./Anfang 4. Jahrhundert – von der Thermenhalle aus. Die ehemalige Eingangssituation – Stufe, Türschwelle und Reste des Türgewändes – hat sich erhalten. Die Sandsteinblöcke davor markieren das antike Laufniveau.

Im Inneren des Raumes ist rechts noch der Durchgang zum Warmbad des „Kernbaus" (vgl. Schwellenstein) zu erkennen. Er wurde zugesetzt, als man Ende des 3./Anfang des 4. Jahrhunderts unmittelbar neben dem Eingang rechts eine neue Tür (vgl. Treppenstufen) brach, um vom Kaltbad direkt in das fast 100 Jahre zuvor angebaute und nun verkleinerte Warmbad zu gelangen (vgl. Info-Punkt 3).

Der glatte, wasserdichte Terrazzo-Boden (Estrich) des Kaltbades ist noch weitgehend intakt; er überdeckt erkennbar einen älteren Boden. Die Ecken und Kanten des Estrichs sind mit einem wulstartigen Viertel-

Blick in das Kaltbad des „Kernbaus" von Nordosten. Im Vordergrund der Eingang von der Thermenhalle.

rundstab abgedichtet. Vor den beiden Wannen befinden sich niedrige Stufen. Die Wände sind verputzt. Der Raum besaß keine Fußbodenheizung.

Die links des Eingangs zum Kaltbad auf der Mauer freiliegende Ziegelplatte mit dem Abdruck einer Hundepfote wurde bei den Restaurierungen in den 1930er Jahren eingebaut. Die damals ergänzten Mauerpartien sind rot abgesetzt.

Die Fundamentreste an der linken Ecke des Kaltbades stammen von der südöstlichen Mauer des Umkleideraumes, der wegen der Errichtung der Thermenhalle Ende des 3./Anfang des 4. Jahrhunderts abgerissen wurde (vgl. Info-Punkt 1).

Ziegelfragment mit dem Abdruck einer Hundepfote links des Eingangs zum Kaltbad.

Info-Punkt 3:
Warmbad *(tepidarium)*

Anfang des 3. Jahrhunderts wurde die Thermenanlage nach Nordosten und im direkten Anschluss an den „Kernbau" u. a. um ein weiteres recht geräumiges, aber wohl nur mäßig zu temperierendes Warmbad mit vermutlich vielfältiger Nutzung erweitert. Die zugehörige Heizstelle befand sich außen an der Nordecke des Raumes und wurde vom Gymnastikhof aus befeuert (vgl. Info-Punkt 4).

Die Türschwelle in der Mitte der aus Sandstein und Grauwacke in reichlich Mörtel gesetzten Mauer verrät, dass auch dieses Warmbad vom ursprünglichen Umkleideraum aus betreten werden konnte. Das änderte sich allerdings, als Ende des 3./Anfang des 4. Jahrhunderts die Thermenhalle errichtet und die Tür zugesetzt wurde. Der Zugang erfolgte jetzt vom Kaltbad aus (vgl. Info-Punkt 2).

Damals wurde das Warmbad auch in zwei kleinere Räume geteilt, von denen der hintere eine eingebaute Wanne erhielt (vgl. Info-Punkt 7). Da im Zuge dieser Baumaßnahme zudem der Fußboden höher gelegt wurde, musste die alte Heizstelle im Gymnastikhof aufgegeben und im Bereich des ehemaligen Schwitzbades eine neue eingebaut werden (vgl. Info-Punkt 8). Von dort aus wurden dann beide Räume gleichermaßen beheizt. Sie standen miteinander in Verbindung, wie die noch erhaltene Türschwelle aus Sandstein in der Trennmauer und die darunter liegenden Heizungsöffnungen bezeugen.

Man sieht heute in die Fußbodenheizung vom Ende des 3./Anfang des 4. Jahrhunderts hinein. Die vielen, aus kleinen runden und quadratischen Ziegeln aufgeschichteten und in regelmäßigem Abstand gesetzten Pfeilerchen, die bei den Ausgrabungen 1931 bis 1936 teilweise noch aufrecht standen, trugen früher einmal den Fußboden. Von ihm hat sich aber nichts mehr erhalten. Die Pfeilerchen selbst waren danach umgestürzt; sie sind erst in jüngster Zeit nach dem Originalbefund wieder aufgerichtet worden.

An der Mauerschräge und dem Übergang zum Fundament lässt sich auch hier das antike Laufniveau ablesen.

Blick über das angebaute Warmbad von Osten.

Info-Punkt 4:
Heizstelle *(praefurnium)*

Diese Heizstelle diente der Beheizung des im Rahmen der Thermenerweiterung Anfang des 3. Jahrhunderts errichteten Warmbades, das sich seiner Größe wegen wohl nicht allzu stark erwärmte (vgl. Info-Punkt 3). Nachdem der Raum Ende des 3./Anfang des 4. Jahrhunderts unterteilt und auch der Fußboden erhöht worden war, konnte aus technischen Gründen von hier aus nicht mehr geheizt werden. Die Heizstelle nebst anschließendem Heizkanal lag zu tief und wurde aufgegeben.

Von der Heizstelle haben sich Reste der Wangenmauern rechts und links erhalten. Bei der dunklen Verfärbung dazwischen handelt es sich noch um antike, mit Holzkohle durchsetzte Aschepartikel.

Zu erkennen ist auch der sorgfältig aus Ziegeln gemauerte Heizkanal, der schräg in die Fußbodenheizung unter dem Warmbad hineinführt. Über ihm befindet sich ein sauber gesetzter Entlastungsbogen aus Tuffstein. Durch das Bleirohr links oberhalb des Heizkanals wurde die Ende des 3./Anfang des 4. Jahrhunderts in das verkleinerte Warmbad eingebaute Wanne entleert (vgl. Info-Punkt 6); es mündete in einen Abwasserkanal, der in dieser Zeit quer durch den Gymnastikhof nach Osten entsorgte (vgl. Info-Punkt 5).

An der Mauer links haftet noch großflächig der Außenputz des Gebäudes. Die Sockelzone war ehemals rot gestrichen; die Farbe ist verblasst. Im unteren Bereich findet sich auch hier wieder der Hinweis auf das antike Laufniveau.

Die rote Fuge kennzeichnet die moderne Aufmauerung, die zur Stabilisierung der antiken Bausubstanz erforderlich war.

Heizstelle des angebauten Warmbades. Links oben das Bleirohr. Blick von Nordosten.

Info-Punkt 5:
Gymnastikhof *(palaestra)*

Die Zülpicher Badeanlage besaß – wie alle öffentlichen Thermen im Römischen Reich – auch einen Gymnastikhof. Er schloss ursprünglich unmittelbar an den „Kernbau" an und erstreckte sich nach Nordosten. Dort und im Südosten wurde die annähernd quadratische Hoffläche von Säulengängen, im Nordwesten von einer Mauer begrenzt. Mit ca. 200 qm war der Hof nicht allzu groß.

Die Erweiterung der Badeanlage Anfang des 3. Jahrhunderts führte zu einer Verkleinerung des Gymnastikhofes, der von da an wegen der Heizstellen für den neuen Raumtrakt (vgl. Info-Punkte 3, 4, 7 und 8) teilweise auch als Wirtschaftshof zu dienen hatte. Der südöstliche Säulengang wurde Ende des 3./Anfang des 4. Jahrhunderts für den Bau der Thermenhalle abgerissen (vgl. Info-Punkt 1).

Auf dem Gymnastikhof konnte sich der Badegast vor und nach dem Baden mit sportlichen Übungen oder Spielen im Freien die Zeit vertreiben und erholen.

Der Gymnastikhof, die Säulengänge und die Einfassungsmauer wurden bei den archäologischen Untersuchungen nachgewiesen. Über einen Großteil des ehemaligen Gymnastikhofes erhebt sich heute die Pfarrkirche St. Peter. In Ausrichtung der heutigen Stützmauer verlief spätestens seit Ende des 3./Anfang des 4. Jahrhunderts ein aus Rollsteinen gesetzter und mit Dachziegeln abgedeckter Kanal, der weiter östlich in den dortigen Straßenkanal mündete. Er führte u. a. das Wasser aus der Wanne des damals verkleinerten Warmbades ab (vgl. Info-Punkte 4 und 7).

Virtuelle Rekonstruktion des im Nord- und Südosten von Säulengängen umstandenen Gymnastikhofes. Blick von Westen.

Info-Punkt 6:
Außenputz

Die Mauer des bei der Thermenerweiterung Anfang des 3. Jahrhunderts errichteten Schwitzbades (vgl. Info-Punkt 8) trägt an der Außenseite noch den originalen roten Verputz. Er reicht bis zum ehemaligen Laufhorizont hinunter.

Auch an anderen Stellen der Badeanlage hat sich der Außenputz – teilweise sogar mit Fugenstrich – noch erhalten (vgl. Info-Punkte 4 und 14).

Römische Gebäude zeigten nie den nackten Stein, sondern waren innen wie außen stets verputzt, gestrichen und vielfach farbig gefasst. Die Außenmauern der Zülpicher Thermen hatte man offenbar weiß getüncht und ringsum mit einem roten Sockel versehen.

Reste des rot gefärbten Putzes an der Außenwand des ehemaligen Schwitzbades. Blick von Nordosten.

Info-Punkt 7:
Warmbad *(tepidarium)*

Ende des 3./Anfang des 4. Jahrhunderts wurde das geräumige Warmbad vom Anfang des 3. Jahrhunderts mittig unterteilt (vgl. Info-Punkt 3). Einer der beiden neuen Räume, die zudem noch mit einem höheren Fußboden versehen worden waren und offenbar weiterhin als Warmbäder dienten, erhielt eine eingebaute Wanne. Die zugehörige Heizstelle lag im Bereich des nordwestlich angrenzenden und jetzt aufgegebenen Schwitzbades (vgl. Info-Punkt 8). Da die Wanne nicht direkt beheizt wurde, dürfte ihr Wasser kaum mehr als lauwarm geworden sein.

Die Reste dieser Wanne, die ehemals durch ein Bleirohr in einen Kanal im Gymnastikhof entleerte (vgl. Info-Punkte 4 und 5), sind links zu sehen. Ferner erkennt man die Hypokaustpfeiler und die Durchlässe der Fußbodenheizung zum Nachbarraum, den Fußboden und seinen Aufbau aus größeren Ziegelplatten und Estrich. Zudem sind auch noch senkrecht gestellte Hohlziegel erhalten, die einst die Heizungsgase an den Wänden hoch und nach außen ins Freie geführt haben. Ebenso befindet sich die Sandsteinschwelle des Durchgangs in der Mitte der Trennmauer noch an Ort und Stelle.

Die Tür (vgl. Schwelle) rechts in der Mauer des „Kernbaus“ verband ehemals das dortige Warmbad (vgl. Info-Punkt 13) mit dem Erweiterungsbau vom Anfang des 3. Jahrhunderts; bei der Raumteilung Ende des 3./Anfang des 4. Jahrhunderts wurde sie höher gelegt.

Bei einem Blick hinüber in das Warmbad des „Kernbaus“ ist der teilweise wieder aufgemauerte Schacht des mittelalterlichen, dem heiligen Quirinus geweihten Brunnens zu sehen. Ursprünglich bezeichnete er die Mitte des Kreuzganggevierts der im 12. Jahrhundert errichteten Propstei St. Peter. Der Brunnen hat keinen Bezug zur römischen Thermenanlage (vgl. Info-Punkt 13).

Blick von Norden über das angebaute, später verkleinerte und mit einer Badewanne ausgestattete Warmbad. Im Hintergrund rechts der mittelalterliche Quirinus-Brunnen.

Info-Punkt 8:
Schwitzbad *(sudatorium)* und Heizstelle *(praefurnium)*

Auch dieser – wie die Abdrücke der kleinen Hypokaustpfeiler auf dem Boden belegen – ehemals beheizbare Raum gehört zur Erweiterung der Thermenanlage Anfang des 3. Jahrhunderts. Es handelt sich um das Schwitzbad; seine Heizstelle befand sich im Nordwesten. Zwei Mauerzungen und eine dunkle Ascheschicht im Bereich vor den mittelalterlichen Fundamentmauern bzw. Stützpfeilern von St. Peter markieren heute noch ihre Lage.

Eine Türschwelle in der Mauer des „Kernbaus" und die darunter liegende Öffnung lassen den Schluss zu, dass der Raum ehemals vom dortigen Heißbad (vgl. Info-Punkt 9) aus zu betreten war und die beiden Heizsysteme miteinander in Verbindung gestanden haben. Der Rest eines weiteren Türdurchlasses findet sich in der Mauer, die links im rechten Winkel an den „Kernbau" stößt. Offenbar konnte man also vom Schwitzbad auch in das südöstlich angrenzende Warmbad (vgl. Info-Punkt 3) gelangen.

Die Baumaßnahmen Ende des 3./Anfang des 4. Jahrhunderts führten zur Aufgabe des Schwitzbades und zu seiner Umnutzung als Heizraum. Damals wurden die Durchgänge zum Heiß- bzw. Warmbad verschlossen und eine Heizstelle eingebaut. Von dort aus konnten nun die beiden neuen kleinen Warmbäder, die durch die Teilung des geräumigen Warmbades vom Anfang des 3. Jahrhunderts entstanden waren, beheizt werden (vgl. Info-Punkt 7).

Von dieser Heizstelle haben sich noch der von Ziegelmauerwerk eingefasste Heizkanal in der Mauer und die Reste der Mauerzungen bzw. des aus Ziegeln gesetzten Feuerungsbodens davor erhalten.

Reste des ehemaligen Schwitzbades mit im Nordwesten anschließender Heizstelle. Blick von Südosten.

Info-Punkt 9:
Heißbad *(caldarium)*

Das Heißbad des „Kernbaus" aus der Mitte des 2. Jahrhunderts ist noch in großen Teilen erhalten. Man erkennt die Fußboden- und die Wandheizung, den offenbar mehrfach ausgebesserten Estrich bzw. Plattenboden, eine rings umlaufende Stufe, die abdichtenden Viertelrundstäbe und die beiden zu unterschiedlichen Zeiten eingebauten Wannen.

Links – in der südöstlichen Wand des Heißbades – befindet sich der ehemalige Durchgang zum Warmbad mit aufgehöhter Türschwelle und dem Rest des Gewändes aus Sandstein. Die Öffnung unter dem mächtigen Schwellenstein belegt, dass die Fußbodenheizungen des Heiß- und des Warmbades miteinander verbunden waren.

Nach der Thermenerweiterung Anfang des 3. Jahrhunderts konnte der Badegast vom Heißbad aus durch einen neuen Türdurchbruch auch in das nordöstlich angrenzende Schwitzbad gelangen (vgl. Info-Punkt 8). Damals bestand die Möglichkeit eines Baderundgangs.

Ursprünglich war das Heißbad nur mit der Wanne rechts über dem Heizkanal an der Nordwestwand ausgestattet (vgl. Info-Punkt 10). Die zweite Wanne an der Südwestseite kam im Zuge der Thermenerweiterung Anfang des 3. Jahrhunderts hinzu (vgl. Info-Punkt 12). Ende des 3./Anfang des 4. Jahrhunderts wurden beide Wannen durch ovale Einbauten verkleinert.

Die rote Fuge trennt das antike Mauerwerk von der aus Gründen der Substanzsicherung erforderlichen modernen Aufmauerung.

Heißbad des „Kernbaus".
Blick von Nordosten.

Info-Punkt 10:
Heißwasserwanne *(alveus)* und Heizstelle *(praefurnium)*

Die Heißwasserwanne gehörte von Anfang an zum Heißbad des um die Mitte des 2. Jahrhunderts oder kurz danach errichteten „Kernbaus“. Sie ist mit Ziegelplatten ausgekleidet und an den Wänden mit wasserdichtem Putz versehen. Viertelrundstäbe dichteten die Ecken und Kanten ab. Stufen, die zugleich auch zum Sitzen dienen konnten, erleichterten den Ein- und Ausstieg. Das gebrauchte Wasser aus der Wanne wurde ehemals in den Kanal auf der Südwestseite des Badegebäudes geleitet (vgl. Info-Punkt 11).

Ende des 3./Anfang des 4. Jahrhunderts wurde die ursprünglich rechteckige Wanne durch einen ovalen Einbau verkleinert. Dies geschah auch bei der zweiten – jüngeren – Wanne des Heißbades (vgl. Info-Punkt 12).

Die Wanne liegt direkt über dem Heizkanal, der heute einsehbar ist. Man erkennt u. a. den gemauerten Stützbogen und den – teilweise ausgebrochenen – Raum für den metallenen „Durchlauferhitzer“, der ehemals dort installiert war und das Wannenwasser heiß hielt.

Vor dem Heizkanal haben sich im Fundamentbereich noch die Reste der Heizstelle erhalten. Die Wangenmauern waren besonders breit und kräftig, da sie auch den großen Metallkessel für die Heißwasserzubereitung zu tragen hatten. Ein tiefer liegender Kanal rechts davon, der heute allerdings nicht mehr zu sehen ist, diente möglicherweise dazu, die Asche wegzuspülen.

Heizstelle mit Heizkanal des Heißbades. Blick in der Längsachse des „Kernbaus“ von Nordwesten.

Info-Punkt 11: Abwasserkanal

Der heute weitgehend abgetragene Kanal aus Gussbeton wurde Anfang des 3. Jahrhunderts angelegt; er ersetzte vermutlich einen älteren aus Holz (?), der allerdings bislang archäologisch noch nicht nachgewiesen ist. Die U-förmige Rinne war mit wasserdichtem Putz ausgekleidet und ehemals mit Steinplatten abgedeckt.

Der Kanal wies ein außerordentlich geringes Gefälle auf und führte westlich eng an den Gebäudekanten entlang nach Nordwesten bzw. Nordosten um die Badeanlage herum. Er mündete dann in den dortigen Straßenkanal und entsorgte nicht nur die Abwässer aus dem Inneren des Kaltbades, sondern auch aus allen Wannen des „Kernbaus“ (vgl. Info-Punkte 12, 14, 15 und 17). Zudem nahm er vermutlich das Regenwasser von den Dächern des Gebäudes und seiner Anbauten auf. Er war bis zum Ende des Badebetriebs nach der Mitte des 4. Jahrhunderts in Gebrauch.

Westlicher Abwasserkanal. Blick von Süden.

Info-Punkt 12:
Heißwasserwanne *(alveus)*

Als die Thermenanlage Anfang des 3. Jahrhunderts erweitert wurde, erhielt das Heißbad des „Kernbaus“ einen erkerartigen Anbau mit einer weiteren rechteckigen Wanne.

Auch diese Wanne ist mit Ziegelplatten ausgekleidet. Sie trägt einen wasserdichten Putz mit Viertelrundstäben in den Ecken und Kanten. Offensichtlich wurde sie nach dem Prinzip der kommunizierenden Röhren aus der Wanne an der Stirnwand (Nordwestwand) des Heißbades mit heißem Wasser versorgt. In Bodenhöhe ist noch das Eintrittsloch der Verbindungsleitung zu erkennen. Die Wanne wurde auch – wie die Fußbodenheizung zeigt – von unten erwärmt.

Der ovale Einbau, der zu einer Verkleinerung der Wanne führte, erfolgte wohl Ende des 3./Anfang des 4. Jahrhunderts.

Links in der Mauer des Thermengebäudes befindet sich eine hochrechteckige Öffnung. Dabei handelt es sich um den Abfluss der ovalen Wanne über dem Heizkanal des Heißbades (vgl. Info-Punkt 9), der ehemals in den Abwasserkanal davor mündete (vgl. Info-Punkt 11).

Die rote Fuge trennt das antike Mauerwerk von der aus Gründen der Substanzsicherung erforderlichen modernen Aufmauerung.

Später an den „Kernbau“ angebaute Wanne des Heißbades. Blick von Südwesten.

Info-Punkt 13:
Heizstelle *(praefurnium)*

Anfänglich wurde das Warmbad des „Kernbaus" aus der Mitte des 2. Jahrhunderts oder kurz danach von der Heizstelle des Heißbades an der Nordwestseite des Gebäudes mitbeheizt (vgl. Info-Punkte 9 und 10). Anfang des 3. Jahrhunderts erhielt es jedoch eine eigene Heizstelle. Von ihr sind vor allem noch die Maueröffnung, der mit senkrecht gesetzten Ziegeln ausgelegte Feuerungsboden und in Resten die Wangen des Heizkanals, die sich weit in den Hypokaustraum unter dem Warmbad hineinziehen, übrig geblieben.

Das Warmbad selbst wurde weitgehend zerstört beim Bau des dem heiligen Quirinus geweihten Brunnens, der ehemals im Zentrum des Kreuzganghofes der im 12. Jahrhundert errichteten Propstei St. Peter stand. Im Inneren blieb nur noch eine Anzahl kleiner Heizungspfeiler mit einem Stück des aufliegenden Fußbodens erhalten.

Den Standort des mittelalterlichen Quirinus-Brunnens kennzeichnen heute eine runde Aufmauerung inmitten des Warmbades (vgl. Info-Punkt 7), eine Öffnung in der Decke des Museumsraumes und ein Brunnenkranz mit historischem Aufsatz auf der darüber liegenden Platzfläche.

Heizstelle des Warmbades im „Kernbau". Blick von Südwesten.

Info-Punkt 14:
Kaltwasserwanne *(piscina)*

Die nischenartig vorspringende Wanne gehörte von Anfang an zum Kaltbad des um die Mitte des 2. Jahrhunderts oder kurz danach errichteten „Kernbaus" (vgl. Info-Punkt 2). Ihre Wände sind sorgfältig verputzt, die Ecken und Kanten mit Viertelrundstäben abgedichtet. Die schmale, mit Ziegeln abgedeckte Stufe erleichterte das Hinein- und Heraussteigen; sie diente auch zum Sitzen. Die Wanne wurde offenbar erst nach der Mitte des 4. Jahrhunderts aufgegeben und die Wannennische zum Kaltbad hin zugemauert. In dem neuzeitlichen Mauerausbruch liegt der Abdruck eines Tonrohres frei; es gehörte zu der Leitung, durch die ehemals das gebrauchte Wasser aus der Wanne in den unmittelbar davor verlaufenden Abwasserkanal geleitet worden war (vgl. Info-Punkt 11).

Auf der rechten Seite der Wannenmauer hat sich im weißen Außenputz teilweise noch der sorgfältige Fugenstrich erhalten, mit dem zumindest dieser Gebäudeteil ursprünglich versehen war (vgl. Info-Punkte 4 und 6). Auch hier lässt sich im Sockelbereich wieder der antike Laufhorizont ablesen.

Ergänzungen, die in den 1930er Jahren durchgeführt wurden, sind rot abgesetzt.

Kaltwasserwanne im Kaltbad des „Kernbaus". Blick von Südwesten.

Info-Punkt 15:
Abwasserleitungen

Römische Badeanlagen verfügten gewöhnlich über ein umfangreiches Kanal- und Leitungsnetz, um Frischwasser heran- und gebrauchtes Wasser abzuführen. In den Zülpicher Thermen sind insgesamt fünf Kanäle bzw. Rinnen und etliche Leitungen archäologisch nachgewiesen.

An der Südecke des um die Mitte des 2. Jahrhunderts oder wenig danach errichteten „Kernbaus" ergibt sich in diesem Zusammenhang eine besondere Situation. Man erkennt dort zum einen den Anfang des Gussbetonkanals, der im Zuge der Thermenerweiterung Anfang des 3. Jahrhunderts von Nordwesten nach Nordosten um die gesamte Badeanlage herumgeführt worden war und offenbar einen älteren Kanal aus Holz (?) ersetzte (vgl. Info-Punkt 11). Er nahm hier das Abwasser aus dem Kaltbad auf (vgl. Info-Punkt 2). Zum anderen ist auch noch ein Stück Bleileitung erhalten, über die die Anfang des 3. Jahrhunderts angebaute Kaltwasserwanne (vgl. Info-Punkt 17) an diesen „Ringkanal" angeschlossen war.

Ebenso sieht man an dieser Stelle das Abflussrohr, durch das seit Ende des 3./Anfang des 4. Jahrhunderts das Schmutzwasser aus dem Inneren des Kaltbades in eine offene Rinne aus mächtigen Sandsteinblöcken geleitet und südöstlich um das Badegebäude herum an der Thermenhalle entlang entsorgt wurde (vgl. Info-Punkt 16).

Verschiedene Abwasserleitungen an der Südecke des „Kernbaus". Blick von Südwesten.

Info-Punkt 16:
Abwasser- und Regenrinne

Die offene, in unterschiedlich große und vermutlich wiederverwendete Sandsteinblöcke hineingearbeitete Rinne wurde Ende des 3./Anfang des 4. Jahrhunderts verlegt und hängt offensichtlich mit dem Bau der Thermenhalle zusammen (vgl. Info-Punkt 1). Sie diente wohl in erster Linie als Traufrinne. Zugleich wurde über diese Rinne damals aber auch das Spritz- und Reinigungswasser aus dem Kaltbad (vgl. Info-Punkte 2 und 15) südöstlich um das Badegebäude herum und entlang der Thermenhalle in den nordöstlichen Straßenkanal geleitet. Zuvor durchspülte die Rinne noch eine Toilette, die sich nach dem archäologischen Befund in dieser Zeit an der straßenwärtigen Stirnseite des Hallenbaus befunden hat (vgl. Info-Punkt 18).

Abwasser- und Regenrinne im Südosten. Blick von Westen.

Info-Punkt 17:
Kaltwasserwanne *(piscina)*

Im Zuge der Thermenerweiterung Anfang des 3. Jahrhunderts erhielt das Kaltbad (vgl. Info-Punkt 2) eine weitere Kaltwasserwanne; dies geschah durch einen Anbau.

Diese Wanne, deren Sohle deutlich tiefer als der Fußboden des Kaltbades liegt, ist durch eine niedrige Brüstung von dem Baderaum getrennt, mit Ziegelplatten ausgelegt und mit einem wasserdichten Putz versehen. Viertelrundstäbe dichteten Ecken und Kanten ab. Die Stufe erleichterte einst dem Badegast nicht nur den Ein- und Ausstieg; sie diente auch als Sitzbank. Der Wannenabfluss befindet sich nahe der linken Ecke; das Wasser wurde ehemals über eine Bleileitung, die teilweise noch erhalten ist (vgl. Info-Punkt 15), in den Kanal an der Südwestseite des Badegebäudes abgelassen (vgl. Info-Punkt 11).

Bei der Umnutzung der Thermenanlage zu Wohn- und Lagerzwecken nach der Mitte des 4. Jahrhunderts hatte das Kaltwasserbecken keine Funktion mehr. Damals wurde die Öffnung zum Kaltbad hin zugesetzt, wie entsprechende Spuren auf der Wannenbrüstung zeigen.

Ergänzungen, die in den 1930er Jahren durchgeführt wurden, sind rot abgesetzt.

Nachträglich im Südosten an das Kaltbad des „Kernbaus“ angebaute Kaltwasserwanne. Blick von Südosten.

Info-Punkt 18:
Toiletten *(latrina)*

Nach dem archäologischen Befund scheinen sich die Toiletten der Zülpicher Thermen spätestens seit Anfang des 3. Jahrhunderts an der Ostecke der Anlage befunden zu haben. Dabei handelte es sich wohl um einen schuppenartigen Anbau.

Damals kam das für die Toilettenspülung notwendige Wasser vermutlich aus einem offenen Becken (Zisterne) in Höhe des „Kernbaus“ unweit des Umkleideraumes. Der entsprechende Kanal, der ehemals von dort an der Rückseite des südöstlichen Säulenganges entlang in die Toilette führte, wurde beim Bau der Thermenhalle (vgl. Info-Punkt 1) Ende des 3./Anfang des 4. Jahrhunderts herausgebrochen und zerstört.

Im Zuge dieser Baumaßnahme wurde auch die Toilettenanlage, die sich jetzt an die Stirnseite des neuen Gebäudes anlehnte, erneuert und nunmehr über die offene Rinne aus Sandsteinblöcken, die vom Standort dieses Info-Punktes geradewegs dorthin verlief, durchspült. Dabei nutzte man das Abwasser aus dem Kaltbad (vgl. Info-Punkte 2 und 15) und das Regenwasser vornehmlich vom Dach der Thermenhalle (vgl. Info-Punkt 16).

Über die Toiletten in der Frühzeit der Zülpicher Thermen (zweite Hälfte des 2. Jahrhunderts) lässt sich nichts Verlässliches sagen. Dass sie auch damals schon an der Ostseite der Anlage gelegen haben, ist nicht auszuschließen.

Bei römischen Toilettenanlagen handelte es sich um einen Raum mit einer stufenartigen, gewöhnlich hölzernen Bank, die entlang einer Wand in regelmäßigen Abständen schlüssellochförmige Öffnungen aufwies. Darunter befand sich ein Kanal, durch den eingeleitetes Wasser die Fäkalien nach draußen spülte und dann weiter in die öffentliche Kanalisation oder in eine Sickergrube transportierte (Wasserspülung). Das Wasser in der Rinne davor diente der Reinigung; Toilettenpapier war unbekannt.

Rekonstruktion einer römischen Toilettenanlage.

Wasserwanne des Kaltbades *(frigidarium)* im „Kernbau“ der Zülpicher Thermen. Innere Wannenbrüstung und Stufe. Blick von Westen.

Im Warmbad. Szene aus der in den rekonstruierten Herbergsthermen im Archäologischen Park Xanten gedrehten Filmsequenz.

So könnte es gewesen sein – ein Wortprotokoll

In der Ausstellung werden über den Räumen des „Kernbaus" filmische Badeszenen gezeigt. Sie wurden in den rekonstruierten sog. Herbergsthermen des Archäologischen Parks Xanten gedreht. Zum Verständnis der Filmsequenzen (Buch: Hans von Sonntag / Heinz Günter Horn) sollte man wissen:

Im Jahre 259 n. Chr. waren die Juthungen, ein germanischer Volksstamm, über die römische Provinz Rätien nach Italien vorgestoßen und hatten dort weite Landstriche verwüstet und auch Gefangene genommen. Zugleich versuchte ein gewisser Ingenuus in Pannonien und Mösien die Macht an sich zu reißen. Kaiser Gallienus war daraufhin u. a. mit einem Truppenkontingent aus Niedergermanien nach Süddeutschland bzw. Italien gezogen. Seinen Sohn Saloninus hatte er als seinen Vertreter in Köln zurückgelassen. Diese Situation nutzte Postumus, der Oberbefehlshaber der Resttruppen am Rhein, im Jahre 260 n. Chr. zu einer Revolte. Er belagerte die Provinzhauptstadt und verlangte von den Kölnern die Auslieferung des Saloninus.

In dieser Zeit treffen sich in den Thermen von Zülpich C. Octavius Maternus (im nachfolgenden Dialog: „M."), ein Gutsbesitzer aus der Umgebung, und M. Calpurnius Rufus (im nachfolgenden Dialog: „R."), ein Getreidehändler aus Köln. Die beiden, die in der Vergangenheit wiederholt miteinander Geschäfte gemacht haben, kommen ins Gespräch. Während sie sich im Tepidarium massieren lassen, ein heißes Bad nehmen und sich schließlich im Kaltbad abkühlen, unterhalten sie sich. Dabei spielt auch die aktuelle politische und wirtschaftliche Lage in Niedergermanien eine große Rolle.

Der Dialog

Im Tepidarium

(Im Warmbad herrscht reges Treiben. An einem Tisch wird gewürfelt. Auf einer Liege lässt sich der Gutsbesitzer C. Octavius Maternus massieren. Der Getreidehändler M. Calpurnius Rufus betritt den Raum und begrüßt die Anwesenden.)

R.: Salvete!

(M. Calpurnius Rufus schaut zunächst kurz den Würfelspielern zu; dann wird er von C. Octavius Maternus erblickt und angesprochen.)

M.: Du hast zugelegt, Rufus. Willst du dich massieren lassen?

R.: Kannst du Gedanken lesen?

M.: *(erhebt sich und überlässt die Liege M. Calpurnius Rufus)* Ich lade dich ein.

R.: *(zum Masseur)* Aber nur den Nacken. Mein Rücken ist zu empfindlich *(legt sich auf den Bauch)*.

M.: *(an den Masseur gewandt)* Gib dir Mühe! Großstädter wissen, was gut ist. *(an M. Calpurnius Rufus gerichtet)* Was gibt's Neues aus der Colonia Agrippinensium? Man hört ja vieles, aber nur Gerüchte. Was ist dran an Postumus? Belagert er die Stadt? Wird Gallienus zu Hilfe kommen?

R.: *(während er an den Schultern massiert wird)* Die Colonia Agrippinensium habe ich schon vor Tagen verlassen. Ich bin also nicht auf dem neuesten Stand. Aber Gallienus wird bestimmt nicht kommen. Er sitzt – wie man hört – in Rätien und Pannonien fest; dort muss er sich mit Juthungen und einigen treulosen Statthaltern herumschlagen. Saloninus ist einfach auf sich alleine gestellt.

M.: *(steht neben der Liege)* Ja, wir brauchen in Niedergermanien einen stärkeren militärischen Schutz. Den letzten Germaneneinfall habe ich nur deshalb überlebt, weil die Meute an meinem Gut vorbeigezogen ist. Jupiter und allen Göttern sein Dank! Mein Nachbar, Quintus Verecundus, ist tot, Haus und Hof zerstört.

R.: *(schaut zu C. Octavius Maternus auf)* Schrecklich! Du lebst aber noch – das ist die Hauptsache. Wir in der Stadt sind da sicherer, keine Frage.

M.: Danke für dein Mitgefühl.

R.: *(lässt sich weiter massieren)* Postumus ist ein überaus fähiger Feldherr. Saloninus dagegen ... naja! *(Der Masseur hört auf)* Vielen Dank für die Massage, Maternus! *(M. Calpurnius Rufus erhebt sich von der Liege und mit Blick auf den Masseur)* Schade, dass er kein Sklave ist; *(und lächelnd in Richtung des C. Octavius Maternus)* sonst würde ich ihn sofort kaufen. Apropos kaufen: Wie fällt die Ernte aus? Die Leute sagen, das Jahr war gut.

M.: Ja, Ceres und die Aufanischen (= Matronen) meinen es diesmal gut mit uns. Dinkel, Einkorn und Emmer stehen hoch.

R.: *(ölt sich Arme, Schultern und Brust ein)* Ich hoffe, du erntest wirklich so viel, wie du sagst. Das Militär hat einen Riesenbedarf.

M.: Was nützt uns die beste Ernte, wenn die Germanen kommen, alles niederbrennen, wegschleppen und dich und deine Familie ermorden?

R.: Wir brauchen noch mehr Getreide als früher. Und von bester Qualität soll es sein. Aber der Kaiser will immer weniger dafür zahlen *(reicht C. Octavius Maternus ein Glasfläschchen mit Öl)* Willst du mal probieren? Es ist Zedernöl aus Syrien. Ich hab's von einem Händler aus Rom. Er beliefert auch den Senat, wie man hört.

M.: Beim Merkur! Das ist ja was ganz Feines. Ein schöner Geruch! *(reibt sich auch damit ein; M. Calpurnius Rufus entfernt derweil mit einem Schaber den Ölfilm von seinem Armen)* Du weißt, ich habe in der Vergangenheit immer zuverlässig geliefert. Aber in letzter Zeit machen uns die Germanenhorden zu schaffen. Die Truppen müssen uns Bauern besser beschützen.

R.: Ohne Getreide keine Truppen und ohne Truppen keinen Frieden. So ist das nun mal ...

Im Caldarium

(C. Octavius Maternus und M. Calpurnius Rufus betreten das Heißbad.)

M.: Ich weiß, in der Colonia Agrippinensium gibt es viel größere und schönere Thermen als hier. Aber auch wir haben gutes Wasser und viel Komfort. Klein, aber fein! Du wirst begeistert sein.

(Beide steigen in die Heißwasserwanne und entspannen sich.)

R.: Ooooh! Aaaah! Hier will man ja gar nicht wieder raus. Sehr angenehm! Wirklich!

M.: Das freut mich, Rufus.

(Nun steigen sie aus der Wanne, ziehen sich ihre Sandalen an und gehen zu einer Brunnenschale, um sich abzukühlen. Sie stehen nebeneinander und halten die Arme in das kalte Wasser. Dort führen sie das Gespräch fort.)

Im Heißbad. Szene aus der in den rekonstruierten Herbergsthermen im Archäologischen Park Xanten gedrehten Filmsequenz.

M.: Sag' mal, willst du wirklich noch nach Hause aufbrechen heute?

R.: Eigentlich schon. Ich bin heute Abend verabredet, weißt du.

(Es kommt ein älterer Mann herein und flüstert C. Octavius Maternus leise ins Ohr, dass Saloninus tot sei und Postumus ihn habe umbringen lassen.)

M.: Nein!? – Der Kaiser ist tot! Postumus hat ihn ermorden lassen! Also ich weiß nicht, was geschieht. Aber ich muss jetzt nach Hause! Und du?

(C. Octavius Maternus und M. Calpurnius Rufus beginnen, sich abzutrocknen.)

R.: Ich werde vorerst nicht in die Colonia Agrippinensium zurückkehren. Ich warte erst mal ab. Postumus ist in der Stadt. Wer weiß, ob seine Soldaten sie nicht plündern. Das kann gefährlich werden. Darf ich heute deine Einladung schon annehmen?

M.: Ja, selbstverständlich! Du bist herzlich eingeladen. Das Schlechteste ist ein schwacher Kaiser. Saloninus war zu jung und unerfahren. Du hast recht: Postumus ist ein ganz anderes Kaliber.

R.: ***(trocknet sich weiter ab)*** Wahrscheinlich hat er sich schon zum Kaiser ausrufen lassen. Jetzt kommen bessere Zeiten.

Im Frigidarium

(Im Kaltbad sind zahlreiche Badegäste. Während C. Octavius Maternus sofort in die Kaltwasserwanne steigt, widmet sich M. Calpurnius Rufus zunächst der Maniküre.)

R.: ***(zu C. Octavius Maternus in der Badewanne gewandt)*** Ich habe draußen auf dem Karren zwei Amphoren besten Weines aus Südgallien. Er ist rund, mundig und von tiefer Süße – ohne Honig, ganz ausgezeichnet.

M.: Bei Bacchus, ein ordentlicher Wein ist hier in der Provinz eher selten.

(C. Octavius Maternus steigt aus der Wanne und trocknet sich ab; jetzt taucht M. Calpurnius Rufus – nicht ohne Zaudern – in das kalte Wasser.)

R.: Aaaah! Ooooh!

M.: ***(beim Abtrocknen spricht er M. Calpurnius Rufus an)*** Wir werden uns den Sport auf dem Hof schenken und sofort aufbrechen, deinen köstlichen Wein zu probieren. Für ein reichhaltiges Mahl sorge ich. Es wird Spanferkel geben. Außerdem habe ich zu Hause köstliche Datteln und Feigen aus Nordafrika und herrliche Oliven aus Etrurien. Ein Genuss!

R.: ***(inzwischen ist auch er aus der Badewanne herausgestiegen und trocknet sich ab)*** Maternus, wir stoßen auch auf Postumus an, den neuen starken Mann. Er soll ja unter dem besonderen Schutz des Hercules stehen. Ich hoffe, er wird es weit bringen und hier in Niedergermanien endlich für Ruhe und Ordnung sorgen ...

Im Kaltbad. Szene aus der in den rekonstruierten Herbergsthermen im Archäologischen Park Xanten gedrehten Filmsequenz.

Hypokaustpfeiler unter dem Heißbad *(caldarium)* im „Kernbau“ der Zülpicher Thermen. Blick von Südosten.

Anhang

Glossar

Und so hieß es bei den Römern ...

Badeanlage	*balneae, thermae*
Bank	*pulvinus*
Brunnen	*puteus*
„Durchlauferhitzer"/Schildkröte	*testudo*
Fußboden (in einem beheizbaren Raum)	*suspensura*
Fußbodenheizung	*hypocaustum*
Griffschale	*patera*
Gymnastikhof	*palaestra*
Handtuch	*sabanum*
Heißbad	*caldarium*
Heizstelle	*praefurnium*
Heißwasserwanne	*alveus*
Kaltbad	*frigidarium*
Kaltwasserwanne	*piscina*
Kleiderablage	*loculus*
Salb-/Ölfläschchen	*ampulla, balsamarium*
Säulengang	*porticus*
Sandalen	*soleae*
Schaber	*strigilis*
Schwimmbecken	*natatio*
Schwitzbad	*sudatorium*
Seife	*sapo*
Thermenhalle	*basilica thermarum*
Toilette	*latrina*
Umkleideraum	*apodyterium*
Wandziegel	*tubulus*
Warmbad	*tepidarium*
Waschbecken	*labrum*

(zusammengestellt von N. Arnold, M. Dodt, Y. Leistner und R. Steffens)

Allgemeine Darstellungen zur römischen Provinz Niedergermanien

Bechert, T., Römisches Germanien zwischen Rhein und Maas (München 1982)

ders., Germania Inferior. Eine Provinz an der Nordgrenze des Römischen Reiches (Mainz 2007)

Eck, W., Köln in römischer Zeit. Geschichte einer Stadt im Rahmen des Imperium Romanum. Geschichte der Stadt Köln Bd. 1 (Köln 2004)

Fischer, Th., Die Römer in Deutschland (Stuttgart 1999)

Horn, H. G. (Hrsg.)., Die Römer in Nordrhein-Westfalen (Stuttgart 1987)

Petrikovits von, H., Rheinische Geschichte Bd. 1,1: Altertum (Düsseldorf 1978)

Zum römischen Zülpich

Becker, W.-D./Dodt, M./Schoch, W./Tegtmeier, U., Brandgräber im Bereich der Thermen von Zülpich. Bonner Jahrb. 199, 1999, 263 ff.

Dodt, M., Die Straßen des antiken Zülpich. In: Archäologie im Rheinland 1997 (Köln 1998) 73 ff.

ders., Frühfränkische Funde in Zülpich. In: D. Geuenich (Hrsg.), Die Franken und die Alemannen bis zur Schlacht von Zülpich. Reallexikon der Germanischen Altertumskunde Ergänzungsband 19 (Berlin 1998) 193 ff.

ders., Eine figürliche Bronzelampe aus Zülpich. Kölner Jahrb. 33, 2000, 329 f.

ders., Römische Gräber in Zülpich. In: Archäologie im Rheinland 1999 (Köln 2000) 91 ff.

Follmann-Schulz, A.-B., Ein römischer Grabfund des 4. Jahrhunderts n. Chr. aus Zülpich-Enzen, Rheinland. Kölner Jahrb. für Vor- und Frühgsch. 22, 1989, 49 ff.

Grünewald, Th., Tolbiacum: Zur Geschichte Zülpichs in römischer Zeit. In: Chlodwig und die Schlacht bei Zülpich. Geschichte und Mythos 496–1996 (Zülpich 1996) 11 ff.

Haberey, W., Spätrömische und frühmittelalterliche Gräber in der Römerallee in Zülpich. Bonner Jahrb. 157, 1957, 305 f.

Heimberg, U., Der römische Burgus in Zülpich-Rövenich, Kr. Euskirchen. Das Rheinische Landesmuseum Bonn. Rheinische Ausgrabungen ’75 (Bonn 1976) 50 ff.

dies., Vielleicht 10 Meter hoch. Ein römischer Grabpfeiler in Zülpich. Das Rheinische Landesmuseum Bonn 5/1979, 67 ff.

dies., Ein spätrömischer Sarkophag aus Zülpich-Enzen. Das Rheinische Landesmuseum Bonn. Ausgrabungen im Rheinland ’78 (Bonn 1979) 90 ff.

dies., Zülpich in römischer Zeit. In: Zülpich. Festschrift zur 1450-Jahrfeier (Weiler a. B. 1981) 29 ff.

Horn, H. G., Zülpich. In: Führer zu vor- und frühgeschichtlichen Denkmälern Bd. 26 (Mainz 1974) 25 ff.

Ibeling, Th., Eine weitere bebaute Parzelle der Römerzeit im Vicus Tolbiacum. In: Archäologie im Rheinland 2000 (Stuttgart 2001) 67 f.

Tutlies, P./Wagner, P., Tolbiacum – neue Details zur Ausdehnung des römischen Vicus in Zülpich. In: Archäologie im Rheinland 1992 (Köln 1993) 48 ff.

Wagner, P., Römische Gräber in Zülpich. In: Archäologie im Rheinland 1994 (Köln 1995) 77 ff.

ders., Römisches vom Zülpicher Mühlenberg. In: H. G. Horn u. a. (Hrsg.), Von Anfang an. Archäologie in Nordrhein-Westfalen (Mainz 2005) 431 ff.

ders., s. v. Zülpich. Archäologisch. In: J. Hoops, Reallexikon der Germanischen Altertumskunde 35: Speckstein – Zwiebel (Nachträge und Ergänzungen), hrsg. von H. Beck/D. Geuenich/H. Steuer (Berlin/New York 2007) 939 ff.

Zu den Zülpicher Thermen

Dodt, M., Das Rekonstruktionsmodell der Thermen in Zülpich. Das Rheinische Landesmuseum Bonn 3/1998, 49 ff.

ders., Die Thermen von Zülpich und die römischen Badeanlagen der Provinz Germania Inferior (Diss. Bonn 2003)

ders., Die Bauperioden der Zülpicher Thermen. In: Archäologie im Rheinland 2007 (Stuttgart 2008) 107 ff.

Gechter, M./Heimberg, U./Pahlen, P., Ausgrabungen in Zülpich. Das Rheinische Landesmuseum Bonn. Ausgrabungen im Rheinland '78 (Bonn 1979) 85 ff.

Horn, H. G., s. v. Zülpich. In: ders. (Hrsg.), Die Römer in Nordrhein-Westfalen (Stuttgart 1987) 655 ff.

Oelmann, F., Jahresberichte s. v. Zülpich. Bonner Jahrb. 135, 1930, 183 f. bzw. Bonner Jahrb. 140/141, 1936, 432 f.

Pesch, P.-H., Das Römerbad in Zülpich (Zülpich 1939)

Tóth, Z., Römische Thermen und Benediktinerpropstei – Ausgrabungen auf dem Mühlenberg 2002. In: Archäologie im Rheinland 2002 (Stuttgart 2003) 76 ff.

ders., Römische Thermen und Benediktinerpropstei von Zülpich. In: H. G. Horn u. a. (Hrsg.), Von Anfang an. Archäologie in Nordrhein-Westfalen (Mainz 2005) 434 ff.

Tóth, Z./Visy, Z., Römische Thermen und Benediktinerpropstei – Ausgrabungen auf dem Mühlenberg 2001. In: Archäologie im Rheinland 2001 (Stuttgart 2002) 57 ff.

Wiskirchen, H. H./Klamp, D./Schmitz, U., Das Römerbad in Zülpich (Zülpich 1991)

Zu römischen Badeanlagen und zum römischen Badewesen

Baatz, D., Römische Bäder mit hölzernen Apodyterien. Arch. Korrespondenzbl. 3, 1973, 345 ff.

Brödner, E., Die römischen Thermen und das antike Badewesen. Eine kulturhistorische Betrachtung (Stuttgart 1997)

Busch, St., Versus balnearum. Die antike Dichtung über Bäder und Baden im römischen Reich (Stuttgart/Leipzig 1999)

Cunliffe, B., Roman bath discovered (London 1984)

Dinkel, L., Römische Thermen (Hamburg 1962)

Dodt, M., Römische Badeanlagen in der Provinz Germania inferior. Ein Beitrag zum Leben in einer römischen Grenzprovinz. In: Z. Visy (Hrsg.), Proceedings of the XIXe International Congress of Roman Frontier Studies in Pécs, Hungary, September 2003 (Pécs 2005) 857 ff.

Fagan, G. G., Three Studies in Roman Public Bathing: Origins, Growth and Social Aspects (Diss. Hamilton, Ontario 1993)

Fusch, G., Über Hypokaustenheizungen und mittelalterliche Heizungsanlagen (Diss. Hannover 1910)

Garbrecht, G./Manderscheid, H., Die Wasserbewirtschaftung römischer Thermen. Archäologische und hydrotechnische Untersuchungen. Mitteilungen des Leichtweiß-Instituts für Wasserbau der TU Braunschweig Heft 118 (Braunschweig 1994)

Heinz, W., Römische Thermen. Badewesen und Badeluxus im Römischen Reich (München/Zürich 1983)

ders./Riha, E., Baden, Salben und Heilen in der römischen Antike. Augster Museumshefte 13 (Augst 1993)

Horn, H. G., Bäder und Thermen, In: Th. Fischer (Hrsg.), Die römischen Provinzen. Eine Einführung in die Archäologie (Stuttgart 2001) 82 ff.

Kretschmer, F., Hypokausten. Saalburg-Jahrb. 12, 1953, 7 ff.

ders., Bauformen und Wirkungsweise antiker Heizungen I und II. Gesundheitsingenieur 78 (Heft 23/24), 1957, 353 ff. bzw. 79 (Heft 1), 1958, 1 ff.

ders., Bilddokumente römischer Technik (Düsseldorf 1983)

Manderscheid, H., Die Skulpturenausstattung der kaiserzeitlichen Thermenanlagen. Monumenta Artis Romanae Bd. 15 (Berlin 1981)

ders., Katalog der öffentlichen Thermenanlagen des Römischen Reiches. Jahresberichte aus Augst und Kaiseraugst Bd. 3, 1983, 59 ff.

ders., Römische Thermen. Aspekte von Architektur, Technik und Ausstattung. In: Frontinus-Gesellschaft e. V. (Hrsg.), Die Wasserversorgung antiker Städte. Geschichte der Wasserversorgung Bd. 3 (Mainz 1988) 99 ff.

ders., Bibliographie zum römischen Badewesen unter besonderer Berücksichtigung der öffentlichen Thermen (Berlin 1988)

Merten, E. W., Bäder und Badegepflogenheiten in der Darstellung der Historia Augusta (Bonn 1983)

Meusel, H., Die Verwaltung und Finanzierung öffentlicher Bäder zur römischen Kaiserzeit (Diss. Köln 1960)

Nielsen, I., Thermae et balnea. The Architecture und Cultural History of Roman Public Baths (Aarhus 1990)

Paszthory, E., Salben, Schminken und Parfüme im Altertum. Zaberns Bildbände zur Archäologie Bd. 4 (Mainz 1992)

Schalles, H. J./Rieche, A./Precht, G., Colonia Ulpia Traiana. Coriovallum. Die römischen Bäder. Führer und Schriften des Archäologischen Parks Xanten Heft 11 (Köln/Bonn 1989)

Sommer, C. S., Waren Frauen in der Römerzeit schmutziger als Männer? Überlegungen zur Eintrittspreisgestaltung in römischen Thermen. Fundber. Baden-Württemberg 21, 1996, 301 ff.

Suceveanu, A., Les thermes romaines (Bukarest/Paris 1982)

Weber, M., Antike Badekultur (München 1996)

Yegül, F., Bath and Bathing in Classical Antiquity (Cambridge, Mass./London 1992)

Nachweis der antiken Zitate

S. 1: CIL 6, 15258; CLE 1499
S. 19: Cornelius Tacitus, Historiae 4,79,2
S. 28: Seneca, Epistulae ad Lucilium 86,9
S. 30: Historiae Augustae Scriptores, Hadrianus, 17,6
S. 31: Martialis, Epigrammata 11,52
S. 33: Seneca, Epistulae ad Lucilium 56,1
S. 37: Galenos, De methodo 11,10
S. 38: Lukianos, Hippias sive balneum § 6
S. 39: Anth. Lyr. Gr. 11,411
S. 39: Martialis, Epigrammata 2,78
S. 42: CIL 2,5881; ILS 6891
S. 42: Martialis, Epigrammata 14,163
S. 43: CIL 2,5881; ILS 6891
S. 45: Plinius d. Ä., Naturalis historia 29,26–28
S. 45: Anth. Lyr. Gr. 11,256
S. 45: Seneca, Epistulae ad Lucilium 86,11 ff.
S. 46: Plinius d. Ä., Naturalis historia 28,191
S. 49: Martialis, Epigrammata 6,93
S. 51: Martialis, Epigrammata 2,62
S. 52: Martialis, Epigrammata 3,3
S. 56: Martialis, Epigrammata 6,57
S. 60: Celsus, De medicina 2,17
S. 60: Clemens Alexandrinus, Paidagogos 3,46,2
S. 66: Lukianos, Hippias sive balneum § 5
S. 66: P. Papinius Statius, Silvae 1,5
S. 68: CIL 10,4884; ILS 5664
S. 70: Vitruvius, De architectura 5,10,1
S. 72: CIL 2,5881; ILS 6891
S. 74: Sidonius Apollinaris, Epistulae 2,2,8 ff.
S. 76: Vitruvius, De architectura 5,10,2
S. 79: CIL 2,5881; ILS 6891
S. 80: Vitruvius, De architectura 5,10,1
Umschlagrückseite: Iuvenalis, Saturae 10, 349 ff.

Bildnachweis

Archäologisches Institut/Forschungsarchiv für Antike Plastik der Universität zu Köln: 57 (unten)

Archäologischer Park Xanten: 67, 70, 76

arw, Aldenhoven-Duerboslar: 38/39, 80, 94, 107

Deutsches Archäologisches Institut, Abteilung Rom: 44

Dodt, Michael, Weilerswist-Lommersum: 71 (unten), 85 (unten)

Ecole Nationale Supérieure des Beaux-Arts, Paris: 30

Historisches Museum am Strom – Hildegard von Bingen, Bingen: 60 (unten rechts)

Informationsmedien Frank Dießenbacher – Marc Tewissen GbR, Wesel: 87 (unten), 89 (unten), 91 (unten), 93 (unten), 112

Mondadori Electa S.p.a., Mailand (aus: Ada Gabucci, Führer durch das alte Rom, 2006, 111): 66

nowakteufelknyrim, Düsseldorf: Umschlag hinten innen, 12, 18, 20, 23, 24 (unten), 68, 72, 87 (oben), 89 (oben), 91 (oben), 93 (oben), 95– 97 (oben), 98, 106, 112, 125

Päffgen, Bernd, München: 100

Petzl, Georg, Köln: 36

Pietrek, Marcus, Düsseldorf: 31, 50, 79, 128, 131, 133

Rheinische Bodendenkmalpflege, Bonn: 14, 25 (unten), 73, 84, 85 (oben), 90, 92, 97 (unten), 99, 102 (oben), 104/105

Rheinisches Landesmuseum, Trier: 48

Romussi, Marco, Bonn: 83 (unten)

Römisch-Germanisches Museum/Rheinisches Bildarchiv, Köln: 54, 61, 63, 71 (oben)

Schuhmann, Ralf, Bonn: 15

Seitz, Gabriele, Freiburg: 34

Servizio Museo Archeologico Regionale della Villa Imperiale del Casale, Piazza Armerina: 32

Staatliche Museen Preußischer Kulturbesitz/Pergamonmuseum, Berlin: 28

Stadt Zülpich: 17

Thünker, Axel, DGPh, Bad Münstereifel: Titelbild, Umschlag vorne innen, Umschlagrückseite, Frontispiz, 10/11, 21, 22, 24/25, 26/27, 33, 35, 37, 40–43, 46, 47, 51–53, 55–57 (oben), 58/59, 60 (unten links), 62, 64/65, 69, 74, 75, 77, 78, 81–83 (oben), 101–103, 108–111, 113–124, 126/127, 134/135, 143

Wissenschaftliche Buchgesellschaft, Darmstadt (aus: Alfred Mallwitz, Olympia und seine Bauten, 1972, 273 Abb. 226): 29

Danksagung

Konzeption, Einrichtung und Gestaltung der Römerthermen Zülpich – Museum der Badekultur wurden von einem Fachbeirat begleitet. Neben Vertretern der Stadt Zülpich gehörten ihm an:

Prof. Dr. Heinz Günter Horn (Vorsitzender), Wesseling
Mona Wehling M. A. (Stellvertretende Vorsitzende), Düsseldorf

Andreas Broicher, Zülpich
Markus Ernst BDA, Zülpich
Prof. Dr. Harald Koschik, Bonn
Dr. Norbert Kühn, Köln
Prof. Dr. Jürgen Kunow, Bonn
Dr. Helmut Luley, Bonn
Dr. Thomas Otten, Düsseldorf
Dr. Hoyer von Prittwitz und Gaffron, Bonn
Dr. Gabriele Uelsberg, Bonn
Dr. Reinhold Weitz, Euskirchen
Prof. Dr. Frank Günter Zehnder, Euskirchen

Die Projektleitung oblag Dr. Iris Hofmann-Kastner (Brühl). Assistenz: Stefanie de Faber (Bonn)

Externe Beratung: Dr. Michael Dodt (Weilerswist-Lommersum)

Ihnen allen sei an dieser Stelle herzlich gedankt.

Impressum

Herausgegeber: Zülpicher Geschichtsverein e.V.
(Vorsitzender: Andreas Broicher)

Redaktion: Birgit Wüller, Stuttgart
Vorarbeiten: Nadine Arnold, Yvonne Leistner, Robin Steffens, Köln
Gestaltung: Dominik Mycielski, Stefan Nowak, nowakteufelknyrim, Düsseldorf
Druck und Buchbinderei:
Rheinische Druck- und Verlagsgesellschaft Liebe & Pabst mbH

Der Druck dieses Museumsführers erfolgte mit maßgeblicher Unterstützung der Nordrhein-Westfalen-Stiftung Naturschutz, Heimat- und Kulturpflege, Düsseldorf, des Ministeriums für Bauen und Verkehr des Landes Nordrhein-Westfalen und des Zülpicher Geschichtsvereins e. V.

NRW-STIFTUNG
NATUR · HEIMAT · KULTUR

1. Auflage 2008

Verlag Ralf Liebe
www.verlag-ralf-liebe.de

ISBN: 978-3-941037-06-9

Maus mit einer Haselnuss, Bronze. Anhänger eines Lampenkandelabers (?), 2./3. Jahrhundert n. Chr., gefunden im Bereich der Zülpicher Thermen.

Titelbild:
Abwasserrinne und Regentraufe aus Sandstein im Südosten der Thermenanlage, Ende 3./Anfang 4. Jahrhundert n. Chr.

Umschlag vorne innen:
Originalputz an der südöstlichen Außenwand des Anfang des 3. Jahrhunderts n. Chr. an den „Kernbau" angebauten Warmbades *(tepidarium)*.

Umschlagrückseite:
Plattenbelag der südöstlichen Kaltwasserwanne, Anfang 3. Jahrhundert n. Chr.